根据国家最新财税政策编写

财务报表分析
从 入门 到 精通

实战案例版

何正坤　周明桂　著

化学工业出版社

·北京·

财务报表分析是指以财务报表为根据，采用一定的方法，系统分析和评价企业过去和现在的经营成果、财务状况及其变动，以预测企业未来的发展趋势，辅佐利益集团改善决策的一种行为。

本书从浅读财务报表开始，紧密结合最新会计知识，配以实例和大量图表，紧紧围绕财务报表的分析和编制进行详尽阐述，重点围绕资产负债表、利润表、现金流量表、所有者权益变动表和财务报表附注五张表格，解读财务报表的基础理论，诠释财务报表的分析方法，答疑各种指标及比率的内涵和勾稽关系，诊断财务报表中的各种疑难和异常，透析乱象丛生的报表数据中可能埋藏的陷阱，为读者奉献浅显明快、结构完整的财务报表高效分析手法。

本书目的在于辅助企业财务人员及相关人员做好财务报表的编制和分析工作，帮助他们全面了解企业财务报表分析的方法和技巧，编制出更符合企业发展实际的财务报表，并且有助于企业管理者、员工、投资人员等相关人员轻松读懂财务报表，看透企业经营实况。

图书在版编目（CIP）数据

财务报表分析从入门到精通：实战案例版/何正坤，周明桂著． —北京：化学工业出版社，2019.2（2025.1重印）
ISBN 978-7-122-33066-6

Ⅰ.①财… Ⅱ.①何…②周… Ⅲ.①会计报表-会计分析　Ⅳ.①F231.5

中国版本图书馆CIP数据核字（2018）第216928号

责任编辑：卢萌萌　　　　　　　　　　装帧设计：王晓宇
责任校对：秦　姣

出版发行：化学工业出版社（北京市东城区青年湖南街13号　邮政编码100011）
印　　装：北京机工印刷厂有限公司
710mm×1000mm　1/16　印张14½　字数230千字　2025年1月北京第1版第4次印刷

购书咨询：010-64518888　　　　　　　售后服务：010-64518899
网　　址：http://www.cip.com.cn

凡购买本书，如有缺损质量问题，本社销售中心负责调换。

定　价：59.80元　　　　　　　　　　　　　　　版权所有　违者必究

前 言
PREFACE

财务报表分析是指以财务报表为根据，采用一定的方法，系统分析和评价企业过去和现在的经营成果、财务状况及其变动，以预测企业未来的发展趋势，辅佐利益集团改善决策的一种行为。

而很多时候，利益集团看不懂自己的财务报表。更为可叹的是，会计也不能完全弄懂一些事情，比如：当企业的资产规模不断膨胀，当企业的销售规模不断扩大，当企业的利润总额不断上升时，企业却债务缠身、捉襟见肘，为什么？

在企业资金充足、存货充实、人员充满时，偏偏出现了经营困难、力不从心，为什么？

当企业经营能力明显不足时，利润却在一个劲地增长。又或者，昨天工厂还机声隆隆，今天却忽然变得鸦雀无声，又是为什么？

这些现象绝非偶然。所有的答案，其实都在企业的财务报表里！

别人可以不懂，会计岂能不知？财务是企业的监管核心，会计是老板的职业幕僚！

优秀的会计，不但能编制财务报表，而且能做出足够的报表分析。只要他细心分析，便会发现，企业存在的种种危机其实早就隐藏在报表中。倘若总是粗枝大叶地浏览财务报表，就可能忽略企业存在的经营危机，直至企业难以为继时才追悔莫及！

如果你是投资者、债权人、信贷员或管理者，你怎能雾里看花？你必须认真地阅读财务报表，认真地分析财务报表里的每个数字。数字是枯燥的，而数字的背后其实隐藏着无比重要的信息。这些数字重要到可能影响你的重大抉择，与你的切身利益密切相关，你必须正视这些数据，并且弄懂数据折射的信息，否则有可能搭错车，让企业走向万劫不复的境地！

巴菲特指出，会计数据看似精确却经常被企业管理层歪曲和操纵："'利润'这个名词总是会有一个精确的数值。当利润数据伴随着一个不合格会计师的无保留审计意见时，那些投资人可能就会以为利润数据像圆周率一样是精确无误的，可以精确计算到小数点后好几十位。可是，事实上，如果是一个骗子领导一家公司出具财务报告时，利润就像油灰一样，想要什么样子，就可以操纵成什么样子。尽管最后真相一定会大白，但在这个过程中一大笔财富已经转手……"

毋庸赘言，财务报表分析是极其重要的。无论投资人、债权人或其他报表使用者，只要能够正确地分析财务报表，精准掌握企业财务动态，必将有助于英明决策、契合商机、改善经营、利益优化，不但便于利益集团准确维护企业稳定持续地发展，更能维护利益集团的长远利益，把控企业的未来。

眼下，已是大数据时代，我们编写本书，是为了让财务报表使用者们更好地利用数据资源，适应社会发展，监督会计运行，辨识真实与谎言。金税三期上线后，对规范票据管理、强化税收控制、约束财务报表起到了严厉的监控和促进作用。尤其是大数据的呈现，如同无数束的光透视着财务报表，让报表更趋真实，让谎言不攻自破。在这样的情形下，分析财务报表更有了客观价值和实际意义。

本书中，我们从浅读财务报表开始，紧密结合最新会计知识，配以实例和精美而专业的图表绘制，解读财务报表的基础理论，诠释财务报表的分析方法，答疑各种指标及比率的内涵和勾稽关系，诊断财务报表中的各种疑难和异常，透析乱象丛生的报表数据中可能埋下的陷阱，为读者朋友们奉献浅显明快、结构完整的高效分析手法。

我们在企业从事财务高管多年，掌握了殷实而丰富的会计实务经验，为我们撰写本书提供了充足的实战资源。同时，我们也熟知管理者及报表关注者对财报的需求，使得本书不但浅显易懂、贴近工作实际，且更具有可操作性。

本书在撰写过程中，参考了部分书籍及网络资料，不能一一列举，在此深表谢意。限于时间及著者水平，书中难免存在不足或疏漏之处，敬请读者朋友谅解。

著者

目录
CONTENTS

第1章 做财务报表分析，必先了解财务报表

1.1 财务报表的概念 …………………………………………………… 002
1.2 财务报表的作用 …………………………………………………… 002
1.3 财务报表的构成 …………………………………………………… 003
1.4 财务报表蕴含的信息及其意义 …………………………………… 014
  1.4.1 对企业内部人员的意义 ……………………………………… 014
  1.4.2 对企业外部人员的意义 ……………………………………… 017

第2章 初识财务报表分析：概念、内容和作用

2.1 财务报表分析的概念 ……………………………………………… 022
2.2 财务报表分析的内容 ……………………………………………… 022
2.3 财务报表分析的作用 ……………………………………………… 023
  2.3.1 资产负债表分析的作用 ……………………………………… 023
  2.3.2 利润表分析的作用 …………………………………………… 024
  2.3.3 现金流量表分析的作用 ……………………………………… 024
  2.3.4 所有者权益变动表分析的作用 ……………………………… 025
  2.3.5 财务报表附注分析的作用 …………………………………… 026

第3章 资产负债表：企业财务状况的集中体现

- 3.1 结构形式 ··· 028
  - 3.1.1 此消彼长，阴阳平衡 ·· 028
  - 3.1.2 左右对称，和谐统一 ·· 030
- 3.2 资产负债表中的"资产" ·· 031
  - 3.2.1 来来往往的流动资产 ·· 034
  - 3.2.2 来而不往的非流动资产 ··· 038
- 3.3 资产负债表中的"负债" ·· 041
  - 3.3.1 勤借勤还的流动负债 ·· 041
  - 3.3.2 不急于还的非流动负债 ··· 046
- 3.4 资产负债表中的所有者权益 ··· 047
  - 3.4.1 出资人经营的本钱：实收资本 ································· 047
  - 3.4.2 出资人的额外所得：资本公积 ································· 048
  - 3.4.3 出资人囤积的粮仓：留存收益 ································· 049

第4章 利润表：企业经营成果的直接反映

- 4.1 结构形式 ··· 052
  - 4.1.1 自上而下 ·· 052
  - 4.1.2 一路减法 ·· 054
- 4.2 利润表的组成 ·· 054
  - 4.2.1 收入 ·· 054
  - 4.2.2 成本 ·· 056

4.2.3 利润 ·· 058
4.3 利润的计算 ·· 059

第5章 现金流量表：现金及其等价物的动态展示

5.1 基本结构 ·· 062
    5.1.1 三段式 ··· 062
    5.1.2 排序原则 ··· 065
5.2 资金流的作用 ··· 067
5.3 现金流量表的统计 ··· 072

第6章 所有者权益变动表：所有者享有权益的增减变动

6.1 概念及组成内容 ·· 077
    6.1.1 概念 ·· 077
    6.1.2 组成内容 ··· 077
6.2 所有者权益变动表的作用 ·· 078
6.3 所有者权益变动表的填写 ·· 079

第7章 解读财务报表附注：财务报表的文字详述或明细资料

7.1 财务报表附注的概述与内容 ··· 083

  7.1.1 概述 …………………………………………………………… 083
  7.1.2 内容 …………………………………………………………… 083
 7.2 财务报表附注的形式和作用 …………………………………………… 087
  7.2.1 形式 …………………………………………………………… 087
  7.2.2 作用 …………………………………………………………… 087
  7.2.3 蕴含的信息 …………………………………………………… 088
 7.3 财务报表附注与财务报告说明书的比较 ……………………………… 091
  7.3.1 财务报告说明书的内容 ……………………………………… 091
  7.3.2 与财务报告说明书的比较 …………………………………… 092

第8章 财务报表分析方法

8.1 财务报表分析的主要参照 ……………………………………………… 094
8.2 财务报表分析的基本方法 ……………………………………………… 098
  8.2.1 比较分析法 …………………………………………………… 098
  8.2.2 结构分析法 …………………………………………………… 100
  8.2.3 趋势分析法 …………………………………………………… 100
  8.2.4 比率分析法 …………………………………………………… 101
  8.2.5 假设分析法 …………………………………………………… 102
  8.2.6 因素分析法 …………………………………………………… 103
  8.2.7 回归分析法 …………………………………………………… 103
8.3 财务报表常用的分析指标 ……………………………………………… 104
8.4 财务报表分析的基本步骤 ……………………………………………… 104

第9章　财务报表诊断与分析

- 9.1 资产负债表诊断与分析 …… 107
  - 9.1.1 资产负债项目比重诊断 …… 107
  - 9.1.2 资产负债项目变动情况分析 …… 111
  - 9.1.3 资产负债分析结果的运用 …… 117
- 9.2 利润表的诊断与分析 …… 131
  - 9.2.1 利润表项目比重诊断 …… 131
  - 9.2.2 利润表项目变化分析 …… 135
  - 9.2.3 利润表分析结果的运用 …… 138
- 9.3 现金流量表诊断与分析 …… 160
  - 9.3.1 现金流量表分析的概念及作用 …… 160
  - 9.3.2 现金流量的3大事项诊断与分析 …… 164
  - 9.3.3 现金流量表结构诊断与分析 …… 172
- 9.4 所有者权益变动表诊断与分析 …… 181
  - 9.4.1 所有者权益变动表的项目诊断 …… 181
  - 9.4.2 所有者权益变动表分析指标 …… 182
  - 9.4.3 所有者权益变动表分析注意事项 …… 184

第10章　财务报表中的数据假象和陷阱

- 10.1 常见的几种数据假象和陷阱 …… 187
  - 10.1.1 存货数据 …… 187
  - 10.1.2 产成品数据 …… 188

10.1.3　应收账款及其他应收款数据 …………………………………… 191
10.1.4　应付账款及其他应付款数据 …………………………………… 195
10.1.5　预收账款及长期应付款数据 …………………………………… 196
10.2　报表乱象对企业经营存在哪些危害 …………………………………… 198
10.3　如何防止和识破这些乱象 …………………………………………… 202

附录　财务报表综合分析方法和案例

附录1：杜邦分析法——环环相扣的综合财务指标分析 …………………… 207
附录2：沃尔综合评分法——和合共生的综合财务比率分析 ……………… 210
附录3：财务报表综合分析实例 …………………………………………… 212

后记 /217

参考文献 /218

第 ① 章
做财务报表分析，必先了解财务报表

　　财务报表分析，顾名思义是以财务报表为对象的一系列分析行为，因此，做财务报表分析，前提是了解财务报表，明确其概念、作用、构成以及对企业内外部的意义。本章结合具体案例对上述内容做了详细的阐述。

1.1 财务报表的概念

财务报表（简称财报）对很多人，尤其是从事财务工作的人来说并不陌生。所谓财务报表，是指以会计准则为基准而编制的，向所有者、债权人、政府、社会公众及其他有关各方反映企业经营状况和财务状况的会计报表。

为更好地理解这个概念，我们可将其分解为四点：第一，财务报表的编制必须要以会计准则为基准；第二，必须针对关注企业发展的人（受益群体）展开；第三，必须与会计核算相关；第四，必须真实地反映企业经营状况和会计财务状况。

1.2 财务报表的作用

财务报表对多项工作都有积极的指导作用，对不同职位、不同岗位的人起着不同的作用。企业管理者通过财务报表，可以查找经营漏洞，调整经营方向；财务人员通过财务报表，可以预测财务风险，保障企业财务安全；投资人通过财务报表，可以判断企业如今的状况，未来的盈利能力和发展潜力等。经总结，财务报表主要对4类人有益处，如图1-1所示。

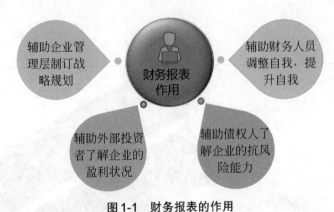

图1-1 财务报表的作用

（1）有利于财务人员调整自我工作

财务人员的工作与财务报表息息相关，是财务报表分析的直接受益者。通过财务报表分析，财务人员可以很好地了解企业的资产实力、经营水平以及获利能力，并根据企业经营业绩的好坏，检查自己的工作情况，及时调整自己的工作策略和方向。

（2）有利于管理者制订企业发展战略

财务报表全面、系统地揭示了企业在某一时期的现金流量、财务状况和经营成果。掌握财务报表的这些知识对于企业管理层而言是非常重要的，有利于了解企业经营的情况，并进行评价、研判，对于好的方面进行经验总结，对于存在的问题则可以及时解决，为企业在以后的经营管理、重大决策和未来规划上提供强有力的依据。

（3）有利于外部投资者进行投资分析决策

对于上市公司而言，这点非常重要，财务报表可以辅助外部投资者进一步了解企业。因为财务报表反映了企业的资产、负债及所有者权益，有利于投资者分析企业的盈利能力、经济实力和发展前景，帮助投资者客观评价投资收益、科学预测投资风险、决定对企业是否进行投资等。

（4）有利于债权人明确企业偿还债务的能力

企业要发展，免不了向银行贷款或向专业机构融资，那么债权人凭什么给你资金呢？很重要的一个凭据就是企业的财务报表。债务人通过财务报表可以了解企业的负债能力和抗风险能力、有利于银行以及债权人掌握企业的财务状况、经营成果和现金流量情况，分析企业的偿债能力、资产流动性、负债权益比率等指标，进而就发放贷款、催收债务等做出决策。

1.3 财务报表的构成

财务报表作为反映企业财务状况和经营成果的书面文件，不单指一个文件，而是一系列文件的集合。这个集合包括5个部分，分别为资产负债表、利润表、现金流量表、所有者权益（或股东权益）变动表和财务报表附注，如图1-2所示。

（1）资产负债表

资产负债表是反映企业在某一特定日期（如月末、季末、年末）全部资产、负

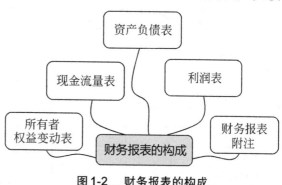

图1-2　财务报表的构成

债和所有者权益情况的会计报表。由于它反映的是某一特定日期的报表，所以也被称为静态报表。通俗点说，资产负债表就是要告诉你，某年某月的某一天，企业有多少资产，欠了多少外债，还剩多少外债，资产负债表如表1-1所列。

表1-1　资产负债表

编制单位：　　　　　　　　　　年　　月　　日　　　　　　　　单位：元

资产	期末余额	上年年末余额	负债和所有者权益（或股东权益）	期末余额	上年年末余额
流动资产：			流动负债：		
货币资金			短期借款		
结算备付金*			向中央银行借款*		
拆出资金*			拆入资金*		
交易性金融资产			交易性金融负债		
衍生金融资产			衍生金融负债		
应收票据			应付票据		
应收账款			应付账款		
应收款项融资			预收款项		
预付款项			合同负债		
应收保费*			卖出回购金融资产款*		
应收分保账款*			吸收存款及同业存放*		
应收分保合同准备金*			代理买卖证券款*		
其他应收款			代理承销证券款*		
买入返售金融资产*			应付职工薪酬		
存货			应交税费		
合同资产			其他应付款		
持有待售资产			应付手续费及佣金*		
一年内到期的非流动资产			应付分保账款*		
其他流动资产			持有待售负债		
流动资产合计			一年内到期的非流动负债		
非流动资产：			其他流动负债		
发放贷款和垫款*			流动负债合计		
债权投资			非流动负债：		
其他债权投资			保险合同准备金*		
长期应收款			长期借款		
长期股权投资			应付债券		

续表

资产	期末余额	上年年末余额	负债和所有者权益（或股东权益）	期末余额	上年年末余额
其他权益工具投资			其中：优先股		
其他非流动金融资产			永续债		
投资性房地产			租赁负债		
固定资产			长期应付款		
在建工程			预计负债		
生产性生物资产			递延收益		
油气资产			递延所得税负债		
使用权资产			其他非流动负债		
无形资产			非流动负债合计		
开发支出			负债合计		
商誉			所有者权益（或股东权益）：		
长期待摊费用			实收资本（或股本）		
递延所得税资产			其他权益工具		
其他非流动资产			其中：优先股		
非流动资产合计			永续债		
			资本公积		
			减：库存股		
			其他综合收益		
			专项储备		
			盈余公积		
			一般风险准备*		
			未分配利润		
			归属于母公司所有者权益（或股东权益）合计		
			少数股东权益		
			所有者权益（或股东权益）合计		
资产总计			负债和所有者权益（或股东权益）合计		

注：标注"*"的项目为金融企业专用行项目，详情可见中华人民共和国财政部官网《关于修订印发合并财务报表格式（2019版）的通知附件1》。

(2) 利润表

利润表是反映企业在一定会计期间经营成果的报表。由于它反映的是某一期间的情况，所以又被称为动态报表。有时，利润表也称为损益表、收益表。这张表较好理解，就是企业在某年的某个月，挣了多少收入，扣除成本费用税金后，最终落了多少利润，利润表如表1-2所列。

表1-2　利润表

编制单位：　　　　　　　　年　月　日　　　　　　　　单位：元

项目	本期金额	上期金额
一、营业总收入		
其中：营业收入		
利息收入*		
已赚保费*		
手续费及佣金收入*		
二、营业总成本		
其中：营业成本		
利息支出*		
手续费及佣金支出*		
退保金*		
赔付支出净额*		
提取保险责任准备金净额*		
保单红利支出*		
分保费用*		
税金及附加		
销售费用		
管理费用		
研发费用		
财务费用		
其中：利息费用		
利息收入		
加：其他收益		
投资收益（损失以"-"号填列）		
其中：对联营企业和合营企业投资收益		
以摊余成本计量的金融资产终止确认收益		
汇兑收益（损失以"-"号填列）*		
净敞口套期收益（损失以"-"号填列）		
公允价值变动收益（损失以"-"号填列）		

续表

项目	本期金额	上期金额
信用减值损失（损失以"-"号填列）		
资产减值损失（损失以"-"号填列）		
资产处置收益（损失以"-"号填列）		
三、营业利润（亏损以"-"号填列）		
加：营业外收入		
减：营业外支出		
四、利润总额（亏损总额以"-"号填列）		
减：所得税费用		
五、净利润（净亏损以"-"号填列）		
（一）按经营持续性分类		
（1）持续经营净利润（净亏损以"-"号填列）		
（2）终止经营净利润（净亏损以"-"号填列）		
（二）按所有权归属分类		
（1）归属于母公司股东的净利润（净亏损以"-"号填列）		
（2）少数股东损益（净亏损以"-"号填列）		
六、其他综合收益的税后净额		
（一）归属于母公司所有者的其他综合收益的税后净额		
1.不能重分类进损益的其他综合收益		
（1）重新计量设定受益计划变动额		
（2）权益法下不能转损益的其他综合收益		
（3）其他权益工具投资公允价值变动		
（4）企业自身信用风险公允价值变动		
……		
2.将重分类进损益的其他综合收益		
（1）权益法下可转损益的其他综合收益		
（2）其他债权投资公允价值变动		
（3）金融资产重分类计入其他综合收益的金额		
（4）其他债权投资信用减值准备		
（5）现金流量套期储备		
（6）外币财务报表折算差额		
……		
（二）归属于少数股东的其他综合收益的税后净额		
七、综合收益总额		
（一）归属于母公司所有者的综合收益总额		
（二）归属于少数股东的综合收益总额		

续表

项目	本期金额	上期金额
八、每股收益		
（一）基本每股收益		
（二）稀释每股收益		

注：标注"*"的项目为金融企业专用行项目，详情可见中华人民共和国财政部官网《关于修订印发合并财务报表格式（2019版）的通知附件1》。

（3）现金流量表

现金流量表是反映一定时期内（如月度、季度或年度）企业经营活动、投资活动和筹资活动对其现金及现金等价物所产生影响的财务报表，它所表达的是在一固定期间（月、季或年）内，某企业的现金及现金等价物的增减变动情形，现金流量表如表1-3所列。

可以形象地将企业比喻为一条流动的河，当河水足够自己使用时，企业可以自由支配自己的经营资金，形成企业的经营活动；当水位过高时，多余的水就会流入别的河流，相当于是对外投资，形成企业的投资活动；当水位过低时，别的河流的水就会流进来，相当于是筹集资金，形成企业的筹资活动；如果没有别的河水流进流出，企业的河水不够使用时，就可能渐渐干涸，企业就将面临资金链断裂的风险。

表1-3 现金流量表

编制单位： 年 月 日 单位：元

项目	本期金额	上期金额
一、经营活动产生的现金流量		
销售商品、提供劳务收到的现金		
客户存款和同业存放款项净增加额*		
向中央银行借款净增加额*		
向其他金融机构拆入资金净增加额*		
收到原保险合同保费取得的现金*		
收到再保业务现金净额*		
保户储金及投资款净增加额*		
收取利息、手续费及佣金的现金*		
拆入资金净增加额*		
回购业务资金净增加额*		
代理买卖证券收到的现金净额*		
收到的税费返还		

续表

项目	本期金额	上期金额
收到其他与经营活动有关的现金		
经营活动现金流入小计		
购买商品、接受劳务支付的现金		
客户贷款及垫款净增加额*		
存放中央银行和同业款项净增加额*		
支付原保险合同赔付款项的现金*		
拆出资金净增加额*		
支付利息、手续费及佣金的现金*		
支付保单红利的现金*		
支付给职工及为职工支付的现金		
支付的各项税费		
支付其他与经营活动有关的现金		
经营活动现金流出小计		
经营活动产生的现金流量净额		
二、投资活动产生的现金流量		
收回投资收到的现金		
取得投资收益收到的现金		
处置固定资产、无形资产和其他长期资产收回的现金净额		
处置子公司及其他营业单位收到的现金净额		
收到其他与投资活动有关的现金		
投资活动现金流入小计		
购建固定资产、无形资产和其他长期资产支付的现金		
投资支付的现金		
质押贷款净增加额*		
取得子公司及其他营业单位支付的现金净额		
支付其他与投资活动有关的现金		
投资活动现金流出小计		
投资活动产生的现金流量净额		
三、筹资活动产生的现金流量		
吸收投资收到的现金		
其中：子公司吸收少数股东投资收到的现金		
取得借款收到的现金		
收到其他与筹资活动有关的现金		
筹资活动现金流入小计		
偿还债务支付的现金		

续表

项目	本期金额	上期金额
分配股利、利润或偿付利息支付的现金		
其中：子公司支付给少数股东的股利、利润		
支付其他与筹资活动有关的现金		
筹资活动现金流出小计		
筹资活动产生的现金流量净额		
四、汇率变动对现金及现金等价物的影响		
五、现金及现金等价物净增加额		
加：期初现金及现金等价物余额		
六、期末现金及现金等价物余额		

注：标注"*"的项目为金融企业专用行项目，详情可见中华人民共和国财政部官网《关于修订印发合并财务报表格式（2019版）的通知附件1》。

（4）所有者权益变动表

所有者权益变动表是反映构成所有者权益各组成部分当期增减变动情况的报表。所有者权益变动表全面反映了一定时期所有者权益变动的情况，不仅包括所有者权益总量的增减变动，还包括所有者权益增减变动的重要结构信息，特别是反映直接计入所有者权益的利得和损失，让报表使用者准确理解所有者权益变动的根源，所有者权益变动表如表1-4所列。

通俗点说，所有者权益就是一个企业的家底。所有者权益的变动，是对家底的一次梳理。家底是盈是亏，家底谁多谁少，家底如何分配等等，都可以在所有者权益变动表中得到答案。

（5）财务报表附注

财务报表附注是对资产负债表、利润表、现金流量表和所有者权益变动表等报表中列示项目的文字描述或明细资料，以及对未能在这些报表中列示的项目作补充说明等。财务报表附注可以使报表使用者全面了解企业的财务状况、经营成果和现金流量。如果说财务报表是一棵大树，附注便是若干的树叶。两者是主次关系，相辅相成，没有财务报表这棵大树，附注便没了依靠，存在也失去了作用。没有附注的点缀，财务报表便缺少了生机。附注犹如一片片绿叶，对报表内容予以延伸和说明，报表的数据因此变得生动，有血有肉，财务报表便能发挥更多的功效。

财务报表附注如表1-5所列。

表 1-4 所有者权益变动表

编制单位：　　　　　　　　　　　　年度　　　　　　　　　　　　　单位：元

项目	本年金额												上年金额											
	归属于母公司所有者权益											少数股东权益	所有者权益合计	归属于母公司所有者权益										少数股东权益	所有者权益合计
	实收资本（或股本）	其他权益工具			资本公积	减：库存股	其他综合收益	专项储备	盈余公积	一般风险准备*	未分配利润	小计			实收资本（或股本）	其他权益工具			资本公积	减：库存股	其他综合收益	专项储备	盈余公积	一般风险准备*	未分配利润	小计		
		优先股	永续债	其他												优先股	永续债	其他										
一、上年年末余额																												
加：会计政策变更																												
前期差错更正																												
其他																												
二、本年年初余额																												
三、本年增减变动金额（减少以"–"号填列）																												
（一）综合收益总额																												
（二）所有者投入和减少资本																												
（1）所有者投入的普通股																												
（2）其他权益工具持有者投入资本																												
（3）股份支付计入所有者权益的金额																												
（4）其他																												

续表

项目	本年金额													上年金额												
	归属于母公司所有者权益											少数股东权益	所有者权益合计	归属于母公司所有者权益											少数股东权益	所有者权益合计
	实收资本（或股本）	其他权益工具			资本公积	减：库存股	其他综合收益	专项储备	盈余公积	一般风险准备*	未分配利润	小计			实收资本（或股本）	其他权益工具			资本公积	减：库存股	其他综合收益	专项储备	盈余公积	一般风险准备*	未分配利润	小计		
		优先股	永续债	其他												优先股	永续债	其他										
（三）利润分配																											
（1）提取盈余公积																											
（2）提取一般风险准备*																											
（3）对所有者（或股东）的分配																											
（4）其他																											
（四）所有者权益内部结转																											
（1）资本公积转增资本（或股本）																											
（2）盈余公积转增资本（或股本）																											
（3）盈余公积弥补亏损																											
（4）设定受益计划变动额结转留存收益																											
（5）其他综合收益结转留存收益																											
（6）其他																											
四、本年末余额																											

注：标注"*"的项目为金融企业专用行项目。

表1-5 财务报表附注

序次	内容
1	不符合基本会计假设的说明
2	重要会计政策和会计估计的说明,以及重大会计差错更正的说明。会计报表附注应披露的重要会计政策主要包括: (1) 编制会计合并报表所采纳的原则; (2) 外币拍片时所采用的方法; (3) 收入的确认原则; (4) 所得税的会计处理方法; (5) 短期投资的期末计价方法; (6) 存货的计价方法; (7) 长期股权投资的核算方法; (8) 长期债权投资的溢折价的摊销方法; (9) 坏账损失的具体会计处理方法; (10) 借款费用的处理方法; (11) 无形资产的计价及摊销方法; (12) 应付债券的溢折价的摊销方法
3	或有事项的说明
4	资产负债表日后事项的说明
5	关联方关系及其交易的说明
6	会计报表中重要项目的说明,主要有: (1) 应收款项(不包括应收票据)及计提坏账准备的方法; (2) 存货、投资核算的方法; (3) 固定资产计价和折旧方法; (4) 无形资产计价和摊销的方法; (5) 长期待摊费用的摊销方法; (6) 收入的分类及金额; (7) 所得税的会计处理方法
7	其他重大会计事项的说明: (1) 企业合并、分立; (2) 重要资产的转让或出售情况; (3) 重大投资、融资活动; (4) 合并会计报表的说明; (5) 其他有助于理解和分析会计报表的事项

1.4 财务报表蕴含的信息及其意义

财务报表是企业财务状况的信息源,如同一个发光的球体,它的光芒四处散发,源源不断地将信息辐射给关注企业成长的不同类型的财务报告使用者。显然,不同类型的财务报表使用者对财务报告的需要有所不同,读懂财务报表,并从中提炼与自己密切相关的信息以及一些能够参考的其他信息,对于实际工作非常有意义。

1.4.1 对企业内部人员的意义

财务报表蕴含着丰富的信息,这些信息的释放对于不同的使用者有不同的促动作用。就企业内部人员而言,对股东、管理层、财务工作者、普通员工都有直接或间接的指导作用,如图1-3所示。

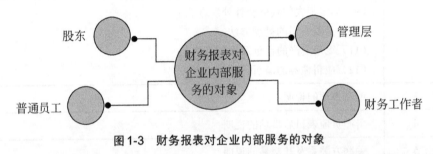

图1-3 财务报表对企业内部服务的对象

(1)为股东传递信息

企业的股东无论是否参与了经营,他在对企业投资之后,必定要关心企业的业绩,关心他投入的资金能否得到回报,能否保值和增值,企业能走多远,未来蓝图是否美好等。那么,他将如何获取这些信息呢?无疑,财务报表是最好的途径。

财务报表表面上的数据并不是很多,但它给股东传递的信息却很多。诸如:企业是盈是亏,盈亏程度对企业发展有何影响;所有者权益是增是减,增减变化对股东权益的影响;现金流量的变化,以及经营活动现金流的占比变化,企业经营活动是否常态化。

公司大都设有股东大会(或股东会)。股东大会是公司的最高权力机构,它由全体股东组成,对公司重大事项进行决策,有权选任和解除董事,并对公司的经营管理有广泛的决定权。股东大会对财务报表高度关注,通过对财务报表的阅读与分析,股东们才能了解公司管理团队的经营水平。

若股本在增值，说明企业盈利能力渐强；若负债在增加，说明企业现金出大于入。股东大会将进一步分析报表，找出对策，及时问责企业管理者，保障企业的平稳发展。

企业经营往往由股东大会委派职业经理人组建经营团队，股东们出资之后除了股东大会，一般不会直接干预企业的经营活动。那么考察经营团队的经营能力，主要就依赖财务报表集中反映的经营业绩。诚然，一支经营团队要开展的活动涉及生产、营销、人事、财务、企划等诸多方面，但最后的成绩单都落在财务报表上。因此，财务报表作为股东掌控经营团队经营能力的重要信息源，对股东具有相当重要的作用。

> **案例 1**
>
> 丰汇医学2016年7月29日公告称，28日丰汇医学召开股东大会，本次股东大会由合计持股10%以上股东提议召开。本次股东大会决议罢免了包括公司董事长卫君超在内的5名董事，并通过了4位被提名的董事。股东大会称，卫君超不履行公司财务制度流程，擅自侵占挪用公司资金未归还且用途去向不明。此外，未经过董事会同意私自对外将公司以第一债务人名义举债和担保，以致引起诉讼导致公司基本户冻结，给公司生产经营以及全体股东造成严重不良影响，提请股东大会罢免其董事职务。

（2）为财务工作者传递信息

虽说企业的账务都是会计做出来的，但是，财务工作者想了解企业的经营成果，也离不开财务报表。财务报表不但可以提供项目数据，还可以通过项目去分析各种指标，得出账面看不到的信息。得到了这些信息，会计人员才可以有依有据地对成本、费用、往来、利润等确定管控措施。

就会计人员而言，也必须读懂财务报表。读懂财务报表，是对会计人员的基础要求。财务报表的数据只是表象的东西，内在的东西还需要会计人员去揭开神秘的面纱，透过现象看本质，找出企业可能存在的弊端或隐患。

事实上，能看懂会计科目和财务报表的，多是会计人员或与会计工作相关的财税金融工作者。至于股东或其他非会计专业的管理者，是很难全部读懂财务报表的。一般能做财报分析的，都是资深的财会工作者，他们积累了丰富的会计工作经验，能洞悉财报隐藏的内情，为合理科学地进行财务管理提供佐证。

（3）为管理层传递信息

管理者们应努力实现股东投入企业的资本能够保值增值，实现企业的健康发展，保证企业员工获取稳定收入。这些目标的实现与否，管理者们必须通过财务报表来反映。如果资产负债表上显示资产明显增加，便意味着股东的股本有了增加；如果利润表上显示企业在承担各种成本费用和缴纳各种税费后，利润有所增加，便意味着企业处于健康发展状态；如果现金流量表中支付给职工的现金稳定或有所增长，便意味着企业员工收入稳定甚至有所提升。

如此，才能说明企业管理者没有辜负股东的重托，成功地实现了股东们的心愿，完美地实现了职业经理人的职场愿景。反之，若企业经营状况恶化，这些"劣迹"同样也会在财务报表上"忠实"地反映出来，其后果不堪设想。

报表的职能是如实反映，为报表使用者提供客观事实，但这些客观事实也未必全是坏事。管理者们若能坦然面对、正视事实，通过报表分析找出症结，提出举措，便可以化难为易、转危为安。财务报表分析的作用正在于此，它能够分析原委，为企业经营决策提供依据，从而引导企业向健康方向发展。

（4）为普通员工传递信息

企业给员工提供的平台越大，员工得到的回报就会越多。反之，如果员工看不到前景，对企业便会失去希望，对自己的前途会觉得渺茫。员工是水，企业是舟，企业能行多远，能经起怎样的风浪，员工起着重要作用。而企业财务报表则能很好地向员工传递企业业绩的信息，让员工及时地对现状和未来有所了解。

当员工通过财务报表了解到企业的实力、业绩、盈利状况偏好时，就会对企业表现出足够的忠诚，对自己的未来也会充满信心，从而在工作上更有激情，积极性、主动性、创造性也会潜移默化地得到增强。能读懂财报的员工，可以把握企业的财务状况，通过各类表，看到企业资金是否充足，支付给职工的工资是否增长等，从而预测自己的前途，决定职业方向等。

1.4.2 对企业外部人员的意义

财务报表释放的信息不仅对企业内部人员有意义,对于企业外部人员也有很大意义,包括投资者、债权人、供应商、客户以及同行竞争者等,具体如图1-4所示。

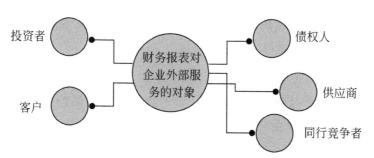

图1-4 财务报表对企业外部服务的对象

（1）为投资者传递信息

投资者十分关注企业财务报表。投资者包括既任投资者和潜在投资者。既任投资者最关心的是投资风险,投资能否增值,投资报酬率的高低,投资回报期多长,能否满足投资期望值。这些因素将影响投资者的决策,如是否向企业投资,是否追加投资,是否需要收回或转让投资等。投资者往往很谨慎,他们通过对财务报表的分析,以及多渠道的信息进行综合分析,在得出稳妥可靠的结论之后,才会做出投资决策。

> **案例 2**
>
> 著名投资大师巴菲特,通过系列稳健的投资活动而成为世界首富。巴菲特对股票市场的精准判断,令很多投资者叹为观止。巴菲特是如何在股市纵横驰骋的呢?巴菲特说:"我阅读我所关注的公司年报,同时,我也阅读它的竞争对手的年报。这些是我最主要的阅读材料。……我们所有投资的收益都是基于对企业财务数字的深度分析,企业财务数字反映了经营管理能力。"
>
> 巴菲特还说:"会计是商业的语言。你必须了解会计学,并且要懂得其中的微妙之处,因为它是企业与外界交流的语言。如果你愿意花时间去学习,尤其是学习如何分析财务报表,你就能够独立选择投

资目标。"巴菲特每次投资时,都会仔细阅读并认真分析财务报表,因为股票的涨落信号在财务报表里是能有所体现的。巴菲特对购买的股票总能做出理性判断,使得他的投资总能取得可靠可观的收益。

常言道,投资需谨慎。谨慎投资的主要手段之一,便是读懂财报,从财报中寻找信心,寻觅风险,寻求业绩。

(2)为债权人传递信息

负债经营其实是很正常的情况,没有企业不需要借助外力,尤其是规模化发展的企业。企业之间相互借贷是合理的表现。当企业资金丰厚时,可以拿去投资获取资金利润;当企业资金紧缺时,可以借助外部资金开展经营。有多少钱办多少事,是墨守成规的经营思维,这会导致企业被资金所缚,无法施展拳脚。资金出现需求时,企业可以选择筹资活动,包括向银行、非银行金融机构申请贷款,金融机构便成了企业的债权人;如果发行企业债券,购买企业债券的单位或个人就将成为企业的债权人;若在企业经营活动中产生的债务,那些应付未付款项的企业或个人便是企业的债权人。

不同的债权人,对企业的关注点会有所偏颇。债权人与投资者不同,他们最关注企业的偿债能力,关注企业有多少资产可以作为偿还债务的保证,有多少可以立即变现的资产。同为债权人,关注点也有所区别。债权人按照偿还期限的长短,可分为短期债权人和长期债权人。短期债权人提供的债权期限一般在一年以内或者长于一年的一个经营周期内,因而他们最关注的是企业偿还短期债务的能力。长期债权人提供的债权期限在一年或长于一年的一个经营周期以上,因而他们最关注的是企业连续支付利息和到期偿还债务本金的能力。

分析财务报表,不能简单地看数据,而是要对报表进行综合考虑,要看到报表数据蕴含的经营潜力。比如房地产开发行业,由于房地产企业通常都是高负债运营,资金主要靠银行贷款来解决,所以其偿债能力指标可能在刚开始看起来比较危险。等银行贷款进了账,房地产企业往往便可以很快具备较强的偿债能力。也就是说,负债企业虽然高额负债,但如果它的应收款项是高额,且周转率快,就意味着企业的资金周转灵活,具备偿还债务的能力。

巴菲特分析应收账款时特别关注两点，即应收账款水平是否合理，坏账损失准备计提是否足够。一般来说，应收账款周转率越高越好，这表明公司收账速度快，平均收账期短，坏账损失少，资产流动快，偿债能力强。所以债权人在分析企业的偿债能力时，需要结合债务企业的行业特点、财务特征以及产业特点进行判断。

有时，聪明的债权人会通过对财报进行分析和挖掘，发现隐藏的商机。如果企业暂时出现了财务状况不佳、债务偿还能力不强的情况，但企业的效益好、前景广、市场大，这时聪明的债权人可能会加大对企业的资金援助，帮助企业渡过一时之难，从而博取更大的投资利润。所以债权人应当细致分析财务报表，准确判断企业的财务状况。

（3）为供应商传递信息

企业开展经营活动时，采购活动是不可避免的。付现当然是最理想的采购方式，但很多企业做不到，而是会选择赊购。尤其是对于建立长期合作关系的供应商，赊购更是普遍现象。赊购可减少资金流出，便于资金周转。对于供应商来说，已习惯于赊销这种方式，甚至于把赊销作为一种营销策划手段。比如现在各行各业采用分期付款的方法，其实就是一种赊销。赊销对客户有很强的吸引力，不但能缓解客户的资金压力，客户还可以资金作保证来检验采购商品的质量。供应商选择了赊销，自然是要收回资金的，而且是越快越好，以防产生呆账或坏账。如此而来，供应商就需要了解客户的现金支付能力这能在一定程度上减轻供应商的赊销风险。

供应商除了通过询问、调查等方式外，另一个重要方式就是了解客户的财务报表。供应商和其他债权人一样，也是从财务报表中了解客户的偿债能力、资产实力、盈利能力。供应商通过财务报表分析，能做出不同的选择。对那些偿债能力强、资信度高的企业，供应商会提升赊销的额度。相反，对那些偿债能力差、资信度低的企业，供应商会采取降低赊销额度甚至付现的方式。所以说，供应商读懂客户的财务报表很重要，不但能影响到资金回笼，还能影响到营销合作的方式。

（4）为客户传递信息

客户与供应商是相对的。一个企业的经营活动，既离不开供应商的支持，也离不开客户的支持。客户往往是企业实现经营业绩、获取经营成果的重要资源。客户对企业很重要，企业对客户也很重要。客户要选择优秀的企业合作，除了考虑质量、信誉、技术等因素外，财务状况也是很重要的考核内容。

对于财务状况好,盈利能力强,持续经营稳定的企业,客户自然是乐于接受,因为这类企业可以达到长期合作的目的。能够长期合作的企业,往往是配合默契、互惠互利,而且产品信得过,质量靠得住。相反,若财务状况不好的企业,客户将随时面临中止合作的风险。而且这类企业一旦出现资金短缺,会出现货源能否充足供应、产品质量能否保证、赊销货款是否催逼等一系列问题,都将给客户带来难题。

因此,关注合作企业的财务报表,不但有助于及时了解合作企业的经营状况,更有利于客户及时应对出现的变故,从而避免合作企业带来的风险,不致影响自己的正常经营。

(5)为同行竞争者传递信息

竞争者如何能在市场竞争中立于不败之地?《孙子兵法》上说:知己知彼,百战不殆。知己容易,知彼则难。企业竞争者想要知彼,能弄懂对手的财报是最好的办法。通过分析对手的财报,去了解对手的资产状况、资金实力、负债程度、盈利能力,以及主营业务项目、成本利润率等,便可以全面掌握竞争对手的强弱势态,然后避重就轻,分析优劣,寻求对策,增强市场竞争的实力。

当然,竞争对手也不总是竞争,也在合作。如果在分析了竞争对手的财务报表后,发现双方有可以合作的条件,能够在资源、技术、资金等方面实现优势互补,或者实施对竞争对手的合并、收购、兼并与并购,那么便可以扩大经营规模,减少竞争对手,提升竞争优势,为企业提供跨越式发展的可能。

第②章
初识财务报表分析：概念、内容和作用

做好财务报表分析可以正确评价企业的财务状况、现金流量情况和经营成果；揭示企业未来盈利空间或可能存在的风险；考核各层次人员的业绩，为建立、健全合理的激励机制提供依据。本章围绕财务报表的概念、内容和作用进行阐述，为财务报表的实践奠定基础。

2.1 财务报表分析的概念

财务报表分析是以财务报表为依据,运用一定的方法和技术,对企业的经营和财务状态进行分析,评价企业过往的经营水平,衡量企业眼下的财务状况,预测企业未来的发展趋势。经过分析得出的结论,不仅能说明企业目前的财务状况、经营成果和现金流量状态,而且能为报表使用者展示企业未来的发展前景,为其做出合理决策提供科学依据。

显然,财务报表的分析是以企业基本活动为对象、以财务报表为主要信息来源、以分析和综合为主要方法的系统认识企业的过程,其目的是了解过去、评价现在和预测未来,以帮助报表使用者改善决策。

财务报表分析的对象是企业的各项基本活动。财务报表分析是从财务报表中获取符合报表使用者分析目的的信息,认识其活动,评价其业绩,发现其问题。

财务报表分析的起点是阅读财务报表,终点是做出判断、评价和诊断。中间的财务报表分析过程,由比较、分类、类比、归纳、演绎、分析和综合等认识事物的步骤和方法组成。其中分析与综合是两种最基本的逻辑思维方法。因此,财务报表分析的过程也可以说是分析与综合的统一。

由此可见,财务报表分析不同于企业分析、经营分析和经济活动分析等概念,它以财务指标为重点对象,也会涉及其他方面,但其目的只在于提供财务信息。

2.2 财务报表分析的内容

财务报表分析是通过分析资产负债表、利润表、现金流量表和其他内部报表,来揭示企业财务状况和财务成果的变动情况及其原因。偿债能力分析、盈利能力分析和营运能力分析,构成了财务报表分析的大致框架。财务报表分析的内容主要有5个,如图2-1所示。

资产负债表分析:主要包括两方面的内容,一方面是对其自身结构以及表内各项目的分析;另一方面是对企业的偿债能力、营运能力进行分析。

利润表分析:包括利润的增减变动及其构成、主营业务利润的形成、各项收入和成本费用分析等。通过利润表的财务指标,可以分析企业的盈利能力、营运能力和发展能力。

现金流量表分析：包括现金流入、现金流出和现金净流量分析。通过现金流量表财务指标，能分析企业的偿债能力、盈利能力和股利支付能力。

所有者权益变动表分析：主要是分析企业如何组织收入、控制成本费用支出，实现盈利，以评价企业的盈利能力和经营成果。

财务报表附注分析：包括对资产负债表、利润表、现金流量表以及所有者权益变动表中列示项目的文字描述或明细资料，以及对未在这些报表中列示项目的补充说明。

图2-1 财务报表分析的主要内容

2.3 财务报表分析的作用

2.3.1 资产负债表分析的作用

资产负债表作为财务报表中最主要的报表之一，它对反映企业财务状况具有非常重要的作用，对资产负债表进行分析，可重点了解3个方面，如表2-1所列。

表2-1 资产负债表分析的作用

企业在某一时期资产的构成及其状况	资产负债表揭示了企业在某一时期所拥有的资产情况及其分布。资产是企业的经济资源，是企业赖以经营的基础。资产总量是企业的实力体现，在一定程度上能够说明企业的经营规模以及盈利的基础。资产结构是企业实力的结构性体现，反映了企业生产经营过程的特点，便于报表使用者更好地分析企业生产持续经营的合理性和恒定性
企业某一时期的负债总额及其结构	资产负债表揭示了企业在某一时日应当承担并在未来需要予以支付的债务。负债总额表明企业目前承担了多少债务，以及对未来持续经营可能产生的影响。负债结构反映了企业偿还负债的紧迫性和偿债压力，可以了解企业负债的基本信息。而负债和所有者权益的比重是企业资金来源的结构性体现，反映了企业的财务安全程度
企业某一日期所有者权益的情况	资产负债表揭示了企业所有股东在企业投资总额中所拥有的份额。作为所有者权益的重要内容，实收资本和留存收益这两个项目全面反映了投资者对企业的初始投入和在经营过程中的资本累积，反映了企业的资本结构和实力留存，便于报表使用者分析和预测企业持续生产经营的安全程度和风险系数

此外，通过资产负债表分析，还可以解释、评价和预测企业的短期偿债能力、长期偿债能力，可以解释、评价和预测企业的财务弹性、盈利能力，帮助管理部门做出合理的经营决策。

2.3.2 利润表分析的作用

分析利润表的主要目的是将企业经营成果的信息,提供给各种报表使用者,以供使用者作为决策的依据或参考。利润表分析的作用主要表现在5个方面,如表2-2所列。

表2-2 利润表分析的作用

全面反映了企业在某一时段的收入、成本及利润情况	企业在某一段生产经营时间内实现了多少经营收入,消耗了多少经营成本,花费了多少费用支出,获得了多少利润或产生了多少亏损等,这些数据在利润表上一览无余。利润表直接反映了企业的经营业绩,报表使用者能够非常直观地了解企业的业绩和盈利水平
全面反映了企业在某一时段的经营成果和获利能力	利润表反映了营业收入、其他收入、成本费用、税金等,这些数据提供了企业的经营信息,通过计算能够获得企业的经营成果。通过对这些数据的比较分析,可以掌握企业的获利能力。若要进一步地了解企业的经营成果和获利能力,则还要借助于其他的会计报表和注释附表等
为评价和预测企业的偿债能力提供了依据	利润表没有直接偿债能力的数据,但它能够为分析偿债能力提供数据。企业的偿债能力主要取决于资产的流动性和资本结构,但也取决于企业的获利能力。债权人以及其他关注企业经营水平的报表使用者,可以通过分析和比较收益表的有关信息,间接地评价和预测企业的偿债能力。特别是对于长期偿债能力,更能通过不同期间的利润表分析得到结论
为企业经管人员的经营决策提供支持	通过对利润表各种构成要素进行比较和分析,能够掌握收入、成本、费用与收益之间的涨跌趋势,继而分析企业经营中可能存在的问题,便于有的放矢地提出改善经营措施,改进增收节支手段,整治弊端,有效管理
可以作为考核企业经营管理者的绩效	比较前后期利润表中收入、费用、成本及收益的增减变动情况,便能看出企业经营水平的波动,并能够查核业绩波动的原因,进而考核各职能部门及生产经营单位的绩效,评判经营者的管理水平,以便企业对经营管理者进行评价和调整

2.3.3 现金流量表分析的作用

现金流量表的主要作用是检测公司的短期生存能力,特别是账单的缴付能力。它是反映一家公司在一定时期内现金流入和现金流出的动态状况的报表。分析现金流量表对于报表使用者具有重要意义,具体表现在5个方面,如表2-3所列。

表2-3 现金流量表分析的作用

表明企业一定期间内现金流入和流出的原因	企业的现金流量由三部分组成，分别为经营活动所产生的现金流量、投资活动所产生的现金流量和筹资活动所产生的现金流量，并按照流入现金和流出现金的各具体项目分别予以反映。报表使用者可以通过报表了解到各个项目的变化情况
表明企业的偿债能力和支付股利能力	现金流量表顾名思义，完全是以现金的收支为基础，消除了由于权责发生制以及会计估计等因素所产生的获利能力和支付能力，更利于分析企业偿债和支付股利的能力
提供了不涉及现金的投资和筹资活动的信息	现金流量表除了反映与现金有关的投资和筹资活动外，还通过补充资料方式提供不涉及现金的投资和筹资活动方面的信息，使会计报表使用者或阅读者能够全面了解和分析企业的投资和筹资活动
分析企业未来获取现金的能力	现金流量表详细说明了企业现金从哪里来，又用到哪里去。通过现金流量表，再结合其他财务信息，可以分析企业未来获取或支付现金的能力
能够分析企业投资理财对经营成果和财务状况的影响	现金流量表提供了现金流入及流出的动态财务信息，能够充分说明企业在一定时期内缘于经营活动、投资活动和筹资活动而获得的现金流入，以及现金支出的各种用途，对资产、负债、收支及利润等起到了弥补作用

2.3.4 所有者权益变动表分析的作用

所有者权益变动表反映的是构成所有者权益的各项目的增减变动情况，它把资产负债表和利润表中有关影响所有者权益变动的内容融合到了一起，起到了桥梁的作用。因此，在新颁布的《企业会计准则30号——财务报表列报》中，所有者权益变动表成为企业主要会计报表之一。分析所有者权益变动表的作用主要体现在5个方面，如表2-4所列。

表2-4 所有者权益变动表分析的作用

反映了企业利润的分配情况	反映了利润分配情况，便于报表使用者了解企业因经营盈亏及现金股利发放致使股东权益发生的变化
反映当期损益及所有者权益的利得和损失	反映了企业的净利润及利得和损失，为报表使用者了解所有者权益的利得损失提供了信息
提供了所有者权益增减变动的结构性信息	反映了所有者权益内部结转情况，便于报表使用者了解所有者权益内部结构发生的变化

续表

让报表使用者了解所有者权益增减变动的根源	按项目反映了实收资本、资本公积、盈余公积及未分配利润的变动情况，便于报表使用者了解各项目的变动，以及投资者及投资金额发生的变化
揭示了企业留存收益和公积金的支配情况	反映了未分配利润和盈余公积的变动情况，为报表使用者了解留存收益和公积金的分配和支配提供了信息

2.3.5 财务报表附注分析的作用

财务报表附注看上去似乎只是点缀，却是点睛之笔，对分析整个财务报表体系具有非常重要的作用。分析财务报表附注的重要性主要体现在2个方面，如表2-5所列。

表2-5 财务报表附注分析的作用

增强了会计信息的相关性和可靠性	会计信息讲究真实严谨，既要相关又要可靠，相关性和可靠性是会计信息的两个基本质量特征。财务报表附注的披露，不但能提供相关性的信息，且使会计信息更加可靠
使不同行业和行业内部不同企业具有了可比性	简单地拿两个企业做比较，显然不合理，因为每个企业都会受诸多因素影响以及会计政策影响而降低了可比性。财务报表附注可以通过披露企业的会计政策和会计估计的变更等，向报表使用者传递相关信息，使投资者能看透会计方法的实质，找到企业间的可比性

财务报表附注与财务报表主表具有不可分割性，财务报表主表与财务报表附注相依相存。没有附注恰当的补充，财务报表主表的功能就难以有效地实现，而没有财务报表，附注便失去了存在的意义。

第③章
资产负债表：企业财务状况的集中体现

资产负债表是财务报表中最主要的构成之一，是反映企业在某一特定时期财务状况的会计报表，包括资产、负债和所有者权益。本章主要介绍资产负债表的基础知识，通过认识资产负债表，有助于认清资产、负债，及其所有者收益情况，从而进一步提升企业的举债能力和综合经营能力。

3.1 结构形式

关于资产负债表的结构,目前通用的主要有两种,一种是账户式,另一种是报告式。

账户式资产负债表又称横式资产负债表,它基于"资产=负债+所有者权益"的会计公式而形成。该结构利用账户的形式列示各类项目,即在报表的左方列示资产类的各个项目数额,在其右方列示负债类和所有者权益的各个项目数额,并使资产负债表左右两方的数额保持平衡。

报告式资产负债表又称竖式资产负债表,它基于"资产-负债=所有者权益"的会计公式而形成。该结构利用自上而下的形式列示各类项目,即先列示资产类项目数额,后列示扣减的负债类项目数额,最后再列示所有者权益项目及其余额。这种结构形似向外报告企业的财务状况,也称财务状况式资产负债表。

3.1.1 此消彼长,阴阳平衡

会计实务上多采用账户式资产负债表,即"有借必有贷,借贷必相等""资产=负债+所有者权益",这是编制资产负债表的理论基础,也是判断资产负债表是否成立的基本原理。

具体来讲,这种理论包括以下两层意思。

① 资产负债表结构符合古代的阴阳学说,阴阳学理论认为:世间万事万物都是阴阳交替式的不断发展变化。阴阳变化是一个此消彼长的过程,两者之间是相互依赖,相互制约,对立统一的关系。

② 资产负债表结构符合阴阳的平衡关系,相互依赖,相互制约,此消彼长,也正因为此资产与负债才能永远保持平衡。报表的左方为资产项目,报表的右方为负债和所有者权益项目,尽管随着企业经营活动的不断变化,资产负债表左右双方各项数据和总额会变化,但左右的总额永远是相等的。

> **案例 1**
>
> 为更好地理解,下面以笔者所在公司优至企业管理有限公司(以下简称优至公司)2015年的一份资产负债表为例进行说明,具体数据如表3-1所列。

表3-1 优至公司2015年的一份资产负债表

编制单位：优至公司　　　　2015年10月31日　　　　　　单位：元

资产		负债及所有者权益	
流动资产	金额	流动负债	金额
货币资金	4000.00	短期借款	20000.00
应收账款	4000.00	应付账款	
预付账款	55000.00	预收账款	
其他应收款		其他应付款	
存货		应付职工薪酬	
其他流动资产		其他流动负债	
流动资产合计	63000.00	流动负债合计	20000.00
固定资产：		长期负债	20000.00
固定资产原价	30000.00	负债合计	
减：累计折旧			
固定资产净值	30000.00		
固定资产合计	30000.00	所有者权益：	
无形资产及其他资产：		实收资本	100000.00
无形资产		资本公积	
长期待摊费用		盈余公积	
其他长期资产		其中：法定公益金	
无形资产及其他资产合计		未分配利润	-27000.00
非流动资产合计	30000.00	所有者权益合计	73000.00
资产总计	93000.00	负债及权益合计	93000.00

单位负责人：　　　　　财务负责人：　　　　　制表人：

表3-1所列的资产负债表就是典型的左右结构，整体呈一个T形，左边是资产，右边是负债及所有者权益。表中所示数据显示优至公司2015年10月总资产为93000元；负债为20000元，所有者权益为73000元，负债及所有者权益总额也为93000元，资产总额等于负债及所有者权益总额。

资产负债表编制时要遵循"有借必有贷，借贷必相等"的原则，发生任何一笔业务，必须同时登记相互联系的借方和贷方，而且借方登记的总金额和贷方登记的总金额必须是相等的。基于这样的会计原理，才有了资产负债表此消彼长的平衡原理。

3.1.2 左右对称，和谐统一

人身体的左右是对称的，尽管左右体的构造有所不同，但其外在表现形式基本对称，因此人体才看起来更完美。

资产负债表在表现形式上左右也是绝对对称的，从内部逻辑关系上看也是左右平衡。表格左边反映了企业资金的占用状态，表格右边反映了企业资金的来源、用途及其受益情况，两者完美地将"资产=负债+所有者权益"这一会计原理反映出来。

资产负债表的内容具体如图3-1、表3-2和表3-3所示。

图3-1 资产负债表的内容

表3-2 资产负债表资产项目包含的内容

资产	
流动资产	非流动资产
货币资金 短期投资 应收账款 应收票据 预付账款 持有待售资产 其他应收款 存货等	长期投资 固定资产 无形资产 及其他非流动资产

资产项目有很多，但各个项目的排列绝不是混乱无序的，而是有一定规则。通常按各项资产流动性的大小或变现能力的强弱进行排序，流动性大、变现能力强的资产项目排在前面，流动性小、变现能力弱的资产项目排在后面。如表3-2所显示的货币资金是变现能力最强的，所以排在最前，而固定资产、无形资产等变现能力较弱，则排在后面。

表3-3　资产负债表负债及所有者权益项目包含的内容

负债		所有者权益
流动负债	非流动负债	
短期借款 应付票据 应付账款 预收账款 应付职工薪酬 应付福利费 应付税金、应付股利等 持有待售负债 其他应付款	长期借款 应付债券 长期应付款等	实收资本 资本公积 留存收益

与资产项目一样，负债及所有者权益各个项目的排列也是有规则的。通常按偿还权的先后顺序进行排列，需要优先偿付的排在前面，不急于偿付的排在后面，最后是投资者的投资收益。如表3-3中的短期借款是从银行贷款，时间性强，需要优先偿还，因为若逾期未还，则会影响企业的信用等级，因此排在前面。而排在最后的所有者权益，是投资人的收益部分，因为必须在偿还所有负债之后，投资人才能获得本利。

3.2　资产负债表中的"资产"

资产负债表中的"资产"具体是指由企业过去经营交易或各项事项形成的，由企业拥有或控制的，预期会给企业带来经济利益的资源。通俗地说就是企业所拥有的财产，有多少钱，有多少设备，有多少存货，别人还欠我多少钱等等。这部分资产是企业可支配资产，因此，可支配性也是这部分资产最大的特征。

为了便于进一步说明这个问题，接下来结合优至公司来具体分析资产负债表中资产所包含的内容及每一项所代表的含义。

> **案例 2**
>
> 优至公司是一家成立于2015年9月30日的企业管理服务型公司，主要业务是咨询、培训，属于小微企业。

> 注册资金及股东出资情况如下：
>
> 注册资金100000元，出资人为尤之和新月，其中尤之实际认缴60000元，新月实际认缴40000元。
>
> 2015年10月发生的经济业务如下：
>
> 一次性支付全年房租60000元；购置了电脑5台，每台4000元，合计20000元；购置投影仪2台，每台5000元，合计10000元；本月支付各类办公费用20000元；本月发放员工工资10000元；公司向小贷公司借款20000元；本月外聘培训师3名给路道公司做培训，每名培训师劳务报酬4000元，共12000元；路道公司支付培训费用16000元，尚欠4000元未付；摊销本月房租5000元。按国家税收政策规定可免增值税，所得税实行查账征收。

据此案例，可编制出如表3-4所列的资产负债表。

表3-4 优至公司资产负债表

编制单位：优至公司　　　　　2015年10月31日　　　　　　　　单位：元

资产类	年初数	期末数	负债及所有者权益类	年初数	期末数
流动资产：			流动负债：		
货币资金		4000.00	短期借款		20000.00
交易性金融资产			交易性金融负债		
应收票据			应付票据		
应收账款		4000.00	应付账款		
预付款项		55000.00	预收款项		
应收利息			应付职工薪酬		
应收股利			应交税费		
其他应收款			应付利息		
存货			应付股利		
一年内到期的非流动资产			其他应付款		
其他流动资产			一年内到期的非流动负债		
			其他流动负债		
流动资产合计		63000.00	流动负债合计		20000.00

续表

资产类	年初数	期末数	负债及所有者权益类	年初数	期末数
非流动资产：			非流动负债：		
可供出售金融资产			长期借款		
持有至到期投资			应付债券		
长期应收款			长期应付款		
长期股权投资			专项应付款		
投资性房地产			预计负债		
固定资产			递延所得税负债		
减：累计折旧			其他非流动负债		
固定资产净值			非流动负债合计		
在建工程			负债合计		
工程物资					
固定资产清理					
生产性生物资产			所有者权益：		
油气资产			实收资本（或股本）		100000.00
无形资产			资本公积		
开发支出			减：库存股		
商誉			盈余公积		
长期待摊费用			未分配利润		-27000.00
递延所得税资产			所有者权益合计		
其他非流动资产					
非流动资产合计					
资产总计		93000.00	负债及权益合计		93000.00

单位负责人： 　　　　　财务负责人： 　　　　　制表人：

从表3-4中可以看出，截至2015年10月31日，公司拥有资产总额为93000元，大体分为两大类，其中流动资产63000元，非流动资产30000元。

流动资产是指企业可以在一年或者超过一年的一个营业周期内变现或者运用的资产，是企业资产中必不可少的组成部分。流动资产具有很大的流动性，因而它的数值会随着经营活动变化而变化，尤其是货币资金，付现能力最强，因而流入流进比较频繁，需要重点核算。

3.2.1 来来往往的流动资产

我们已经清楚，流动资产包括货币资金、短期投资、应收票据、应收账款和存货等，主要是指流动性比较强的那部分资产。流动资产中每一项资产都代表着不同含义，其变动情况对企业发展的影响也是不同的，现结合表3-2介绍各流动资产项目的含义。

（1）货币资金

货币资金是指在企业生产经营过程中处于货币形态的那部分资金，按其形态和用途不同可分为库存现金、银行存款和其他货币资金。它是企业中最活跃的资金，流动性强，是企业的重要支付手段和流通手段。其他货币资金包括外埠存款、银行汇票存款、银行本票存款、信用证保证金存款、信用卡存款、存出投资款等。

优至公司的货币资金是银行存款（暂未考虑现金），余额为4000元。表3-5为优至公司本月银行存款丁字形账户。

表3-5 优至公司本月银行存款丁字形账户　　单位：元

借方	银行存款		贷方
尤之新月认缴实收资本	100000	60000	一次性支付全年房租
收到路道公司培训费	16000	20000	购置电脑
向小额贷款公司借款	20000	20000	支付办公费用
		10000	购置投影仪
		10000	支付工资
		12000	外聘培训师
本期发生额	136000	132000	本期发生额
期末余额	4000		

表3-5中显示了优至公司在本月份货币资金的流入流出明细，银行存款余额4000元是优至公司的货币资金余额。

（2）短期投资

交易性金融资产是会计学2007年新增加的会计科目。交易性金融资产是指企业以赚差价为目的，准备近期内出售而持有的债券投资、股票投资和基金投资。交易性金融资产取代了原来的短期投资，与之类似，又有不同。设立交易性金融资产是为了适应现在的股票、债券、基金等出现的市场交易。

优至公司是新设立企业，暂时不可能有闲余资金去做投资。本月底公司账户上只剩4000元，也无法购买债券等。

（3）应收账款

应收账款是指企业在生产经营过程中由于销售商品、产品、提供劳务等，应向购买单位收取的款项，包括应由购买单位或接受劳务单位负担的税金、代购买方垫付的各种运杂费等。应收账款往往伴随企业的销售行为而发生，形成企业的一项债权。因此，应收账款的确认与收入的确认密切相关。

通常在确认收入的同时，还要确认应收账款，优至公司给路道公司做培训，应收取培训费用2万元，路道公司暂付1.6万元，余0.4万元尚未付清，便形成了企业的应收账款。应收账款是应收未收款项，属于企业的资产。

应收账款账龄是指尚未收回的应收账款赊欠时间的长度，通常按照1年以内，1～2年，2～3年和3年以上4个级别来划分，应收账款账龄分析表模板如表3-6所列。

表3-6 应收账款账龄分析表

账龄	年末余额		年初余额	
	金额	比例	金额	比例
1年以内				
1～2年				
2～3年				
3年以上				
合计				

分析出一家企业的应收账款账龄情况，可明确应收账款回收的可能性以及坏账风险的大小。

另外,最好还要分析应收账款前五名的企业,由此可了解企业主要客户的集中程度,销售是否稳定,回收资金是否存在风险等。前五名客户应收账款表模板如表3-7所示。

表3-7 前五名客户应收账款表

次序	单位名称	金额	备注
1			
2			
3			
4			
5			

(4)其他应收款

其他应收款是企业应收款项的另一重要组成部分。其他应收款科目核算企业除买入返售金融资产、应收票据、应收股利、应收利息、应收代为追偿款、应收分包账款、应收分包合同准备金、长期应收款等以外的其他各种应收及暂付款项。其他应收款通常包括暂付款,是指企业在商品交易业务以外发生的各种应收、暂付款项。一般地,其他应收款属于企业的资产,但往往与企业的经营收入没有关联。

其他应收款长期挂账的,属于关注的焦点,尤其是股东借款,若用于非正当业务,或超过一定时间没有归还的,税务部门将视同年终分红收取股东的个人所得税。

其他应收款账龄是指尚未收回的其他应收款赊欠时间的长度,通常按照1年以内,1~2年,2~3年和3年以上4个级别来划分,其他应收款账龄分析表模板如表3-8所列。

表3-8 其他应收款账龄分析表

账龄	年末余额		年初余额	
	金额	比例	金额	比例
1年以内				
1~2年				
2~3年				
3年以上				
合计				

通过上表,我们可以分析出一家企业的其他应收款账龄情况,从而分析其他应收款回收的可能性以及坏账风险的大小。

此外,我们还要分析其他应收款前五名的往来单位或个人,由此分析企业其他应收款往来单位或个人的集中程度,判断往来是否稳定,回收资金是否存在风险等,前五名的单位或个人其他应收款表模板如表3-9所列。

表3-9 前五名的单位或个人其他应收款表

次序	单位名称	金额	备注
1			
2			
3			
4			
5			

(5)预付账款

预付账款是指企业按照购货合同的规定,预先以货币资金或货币等价物支付供应单位的款项。预付账款指买卖双方协议商定,由购货方预先支付一部分货款给供应方而发生的一项债权。预付账款一般包括预付的货款和预付的购货定金。作为流动资产,预付账款不是用货币抵偿的,而是要求企业在短期内以某种商品、提供劳务或服务来抵偿。

案例 4

为了虚增收入和利润,A企业与B企业签订了一份金额为77500万元的工程建造合同,需要先预付31000万元的工程款项。但实际上这笔款项并没有实际支付,因而导致现金流量表相关项目金额发生重大变化。这一做法是将虚增收入和利润所导致的资金缺口向外转出,从而减少虚构资金的压力,实现财务报表平衡。

预付账款账龄是指预付货款尚未收到货物的时间长度,与应收账款和其他应收款一样,都是按照1年以内,1~2年,2~3年和3年以上4个级别来划分的。

通过对预付账款的分析可以得出一家企业的预付账款账龄情况,从而分析预付账款回收货物或货款的可能性以及坏账风险的大小。

此外,我们还要分析预付账款前五名的企业,由此分析企业主要供应商的集中程度,采购是否稳定,预付货款是否存在风险等。

(6)存货

存货是指企业在日常活动中持有以备出售的产成品或商品、处在生产过程中的在产品、在生产过程或提供劳务过程中耗用的材料或物料等,包括各类材料、在产品、半成品、产成品或库存商品以及包装物、低值易耗品、委托加工物资等,年度存货汇总表模板如表3-10所列。

表3-10 年度存货汇总表

项目	年初余额	本年增加额	本年减少额	年末余额
原材料				
周转材料				
库存商品				
半成品				
在产品				
产成品				

3.2.2 来而不往的非流动资产

非流动资产是指流动资产以外的资产,包括持有到期投资、长期应收款、长期股权投资、长期债权投资、工程物资、投资性房地产、固定资产、累计折旧、在建工程、无形资产、长期待摊费用、可供出售金融资产等。同时,对于非流动性资产业界也有个期限,即无法在一年,或者超过一年的营业周期内变现或者耗用的那部分资产。

因此,这部分资产也被形象地称为"来而不往"资产,在短期内不会兑付或变现,有的甚至直至报废,于是便慢慢地沉淀下来,成为企业的一项长期资产。

(1)长期股权投资

长期股权投资是指通过投资取得被投资单位的股份。企业对其他单位的股权投资,通常视为长期持有,通过股权投资可以达到控制被投资单位,或对被投资单位施加重大影响,或与被投资单位建立密切关系以分散经营风险的目的。

当企业需要扩大经营规模，或看准了某种行情某个企业时，往往会利用闲置资金甚至融入资金去投资被投资单位，以达到控制或影响被投资单位的目的。

（2）长期债权投资

长期债权投资是企业购买的各种一年期以上的债券，包括其他企业的债券、金融债券和国债等。债权投资不是为了获取被投资单位的所有者权益，债权投资只能获取投资单位的债权，债权投资自投资之日起即成为债务单位的债权人，并按约定的利率收取利息，到期收回本金。这种投资企业往往利用自己的闲置资金，最大程度地提高资金的利用率，获取稳定的收益。

（3）固定资产

固定资产是指企业为生产产品、提供劳务、出租或者经营管理而持有的、使用时间超过12个月的，价值达到一定标准的非货币性资产，包括房屋、建筑物、机器、机械、运输工具以及其他与生产经营活动有关的设备、器具、工具等。固定资产是企业的劳动手段，也是企业赖以生产经营的主要资产。年度固定资产汇总表如表3-11所列。

表3-11　年度固定资产汇总表

项目	年初余额	本年增加额	本年减少额	年末余额
一、原价合计				
其中：机器设备				
办公设备				
运输设备				
物流设备				
工具仪器				
房屋建筑物				
二、累计折旧合计				
其中：机器设备				
办公设备				
运输设备				
物流设备				
工具仪器				
房屋建筑物				

（4）累计折旧

累计折旧账户属于资产类的备抵调整账户，其结构与一般资产账户的结构刚好相反。累计折旧指企业在报告期末提取的各年固定资产折旧累计数，该项目按"资产负债表"中"累计折旧"科目的期末数填列。

固定资产在使用过程中会发生磨损消耗，其价值会逐渐减少，这种价值的减少就是固定资产折旧。固定资产价值发生减少，就应该把这种价值的减少计算出来（即计提折旧），并在账户中予以记录。固定资产价值减少的同时引起费用增加，所以，从理论上讲，计提折旧时，应该根据使用该固定资产的受益对象计入折旧费用，采取谁受益谁负担原则。

根据企业会计准则规定，当月增加的固定资产，当月不计提折旧，从下月起计提折旧；当月减少的固定资产，当月仍计提折旧，从下月起不计提折旧。

（5）无形资产

无形资产是指企业拥有或者控制的没有实物形态的可辨认非货币性资产。无形资产具有广义和狭义之分。广义的无形资产包括货币资金、应收账款、金融资产、长期股权投资、专利权、商标权等，它们没有物质实体，而是表现为某种法定权利或技术。但是，会计上通常将无形资产作狭义的理解，即将专利权、商标权等称为无形资产。

无形资产包括社会无形资产和自然无形资产。社会无形资产通常包括专利权、非专利技术、商标权、著作权、特许权、土地使用权等；自然无形资产包括不具实体物质形态的天然气等自然资源等。就企业而言，无形资产包括商标权、专利权、非专利权技术、土地使用权、特许权等。企业的资产不只是账面价值所体现，商品的品牌价值根据其对市场的影响力所形成的无形资产价值已非一时一地所能衡量。年度无形资产汇总表模板如表3-12所列。

表3-12　年度无形资产汇总表

次序	项目名称	原始入账价值	期初账面价值	本期增加金额	本期减少金额	本期摊销金额	期末账面价值
1							
2							
3							
4							
5							

（6）其他长期资产

其他长期资产是指具有特定用途，不参加正常生产经营过程的，除流动资产、长期投资、固定资产、无形资产和长期待摊费用以外的资产。一般包括经国家特批的特准储备物资、银行冻结存款和冻结物资、涉及诉讼中的财产等。长期待摊费用是指企业已经支出，但摊销期限在1年以上（不含1年）的各项费用，包括固定资产大修理支出、租入固定资产改良支出等。

3.3 资产负债表中的"负债"

资产负债表中的"负债"，顾名思义是企业应付而未付的款项。用会计学的术语来解释，就是指企业过去的交易或者事项形成的、预期会导致经济利益流出企业的现时义务。负债具有偿还性，偿还期或具体金额在它们发生或成立之时就已由合同、法规所规定与制约，是企业必须履行的一种义务。

按流动性划分，负债分为流动负债和非流动负债两类，流动负债在短期内必须偿还，非流动负债在一定期限内也须偿还。

3.3.1 勤借勤还的流动负债

流动负债是指将在1年或超过1年的一个营业周期内偿还的债务，包括短期借款、应付票据、应付账款、预收账款、应付职工薪酬、应付福利费、应付股利、应交税费、其他应付款、预提费用和一年内到期的非流动负债等。

（1）短期借款

短期借款是指企业为维持正常的生产经营所需的资金或为抵偿某项债务而向银行或其他金融机构等外单位借入的、还款期限在1年以下（含1年）的各种借款。短期借款主要有经营周转借款、临时借款、结算借款、票据贴现借款、卖方信贷、预购定金借款和专项储备借款等。短期借款的债权人一般是银行或其他金融机构。当企业资金周转有困难时，企业向银行或其他金融机构申请1年以内的贷款，以弥补经营资金的不足。

（2）应付账款

应付账款是核算企业因购买材料、商品和接受劳务供应等经营活动应支付的款项。通常是指因购买材料、商品或接受劳务供应等而发生的债务，这是买卖双方在购销活动中由于取得物资与支付货款在时间上不一致而产生的负债。企业在经营活动中，会出现各种原因而导致账款滞后支付，继而形成应付账款。其中的原因有多种多样，包括：合同规定付款期限、资金短缺付款延迟、商家促销先用后付、商品质量保证等。无论何种原因，这笔款项迟早是要付清的，只是暂时形成了企业的负债。应付账款的债权人往往是企业的供应商，或其他有业务往来的单位。

应付账款账龄是指货物已到尚未支付货款的时间长度，通常也按照1年以内，1~2年，2~3年和3年以上4个级别来划分，应付账款账龄分析表模板如表3-13所列。

表3-13 应付账款账龄分析表

账龄	年末余额		年初余额	
	金额	比例	金额	比例
1年以内				
1~2年				
2~3年				
3年以上				
合计				

通过应付账款账龄分析表可以分析出一家企业的应付账款账龄情况，从而判断企业应付账款债务的支付能力以及偿债风险的大小。

此外，我们还要对应付账款前五名的供应商进行分析，由此判断企业主要供应商的集中程度，材料供应是否稳定，偿还债务是否存在风险等。应付账款前五名的供应商表模板如表3-14所列。

表3-14 应付账款前五名的供应商表

次序	单位名称	金额	备注
1			
2			
3			
4			
5			

就企业而言，应付账款也是一种资金筹划手段。应付未付的款项不但可以减缓资金的压力，而且还能免于贷款而支付利息成本，免于产生质量、技术等纠纷时无法扣押商家的抵押物。当然，偿还也是有风险的，若到期

不能偿还，将面临归还本利及法律风险。

（3）预收账款

预收账款科目核算企业按照合同规定或交易双方之约定，向购买单位或接受劳务的单位在未发出商品或提供劳务时预收的款项。一般包括预收的货款、预收购货定金等。企业在收到这笔钱时，商品或劳务的销售合同尚未履行，因而不能作为收入入账，只能确认为一项负债，即贷记"预收账款"账户。企业按合同规定提供商品或劳务后，再根据合同的履行情况，逐期将未实现收入转成已实现收入。预收账款的期限一般不超过1年，通常应作为一项流动负债反映在各期末的资产负债表上。

预付账款账龄是指款项已付货物尚未收到的时间长度，也是按照1年以内，1～2年，2～3年和3年以上4个级别来划分。

通过预付账龄分析可以分析出一家企业的预付账款账龄情况，从而预判预付账款的风险大小。另外，通过分析预付账款前五名的客户，可以得出企业主要客户的集中程度，材料供应是否稳定，偿还债务是否存在风险等结果。

有些企业将预收款作为隐藏销售收入的手段，只要对方不要求开发票，收了货款便一直挂在预收账款，长期不做处理。这种做法其实是逃避纳税，所以预收款长期挂账已成为税务机关的关注对象。国家税务总局在《企业所得税汇算清缴纳税申报鉴证业务准则（试行）》（国税发〔2007〕10号）中明确了对预收账款的审核要求："采用预收账款销售方式的，应于商品已经发出时，确认收入的实现。结合预收账款、存货等科目，审核是否存在对已收货款并已将商品发出的交易不入账、转为下期收入等情形。"显然，预收账款已不再是隐藏收入逃避税收的安全地带，企业使用"预收账款"科目应谨慎，应实事求是地反映各项经济活动。

案例 5

山东省某铝业有限责任公司是家新办企业，当地国税局税务人员通过审核"预收账款"明细账，发现二级科目"临沂金剀利"名下一直是贷方余额，而且在年初有2个明细科目进行了合并，累计金额达1 120 081.80元。按理说，企业所在行业目前市场情况并不景气，"预收账款"科目长期出现余额是不太可能的，于是评估人员对该企业下达了约谈通知。

经过评估人员说服教育，企业财务人员和法定代表人在事实面前不得不承认，由于临沂金剀利公司目前尚无增值税一般纳税人资格，企业不用为其开具发票，因此发出的产品也没有做销售处理，而是一直挂在"预收账款"下面。于是，企业在进一步自查的基础上，确认有570605.53元的收入未做处理，涉及增值税97002.94元应补缴。

（4）其他应付款

其他应付款是指企业在商品交易业务以外发生的应付和暂收款项，是除应付票据、应付账款、应付工资、应付利润等以外的应付、暂收其他单位或个人的款项。通常情况下，该科目核算企业应付、暂收其他单位或个人的款项，如应付租入固定资产和包装物的租金，存入保证金，应付、暂收所属单位、个人的款项，管辖区内业主和物业管户装修存入保证金，应付职工统筹退休金，以及应收暂付上级单位、所属单位的款项。

倘若企业为了逃避税收而将收到款项暂时挂在其他应付款，同样存在着纳税风险。

其他应付款账龄是指其他应付未付款项赊欠时间的长度，仍按照1年以内，1～2年，2～3年和3年以上4个级别来划分。

通过其他应付款账龄分析表，可以分析出一家企业的其他应付款账龄情况，从而分析其他应付款的支付能力以及偿债风险的大小。此外，同样还要分析其他应付款前五名的往来单位或个人，由此分析企业其他应付款往来单位或个人的集中程度，往来是否稳定，偿债能力是否存在风险等。

（5）应付职工薪酬

应付职工薪酬是企业根据有关规定应付给职工的各种薪酬，按照"工资、奖金、津贴、补贴""职工福利""社会保险费""住房公积金""工会经费""职工教育经费""解除职工劳动关系补偿""非货币性福利""其他与获得职工提供的服务相关的支出"等应付职工薪酬项目进行明细核算。提供给职工配偶、子女或其他被赡养人的福利等，也属于职工薪酬范围。

根据《企业会计准则第9号——职工薪酬》规定，职工薪酬是指企业为获得职工提供的服务而给予各种形式的报酬以及其他相关支出。职工薪酬不仅包括企业一定时期支付给全体职工的劳动报酬总额，也包括按照工资薪金的一定比例计算并计入成本费用的其他相关支出。

新准则下的应付职工薪酬与原会计制度的应付工资比较类似，但是又不完全一致，它具有以下的特点：

① 核算定义上，职工薪酬的定义与国际会计准则基本一致，真正实现了趋同，改变了我国50多年的工资核算传统模式。

② 核算事项上，职工薪酬的内涵更加丰富，不仅包括了工资薪金，而且还将职工福利费、各类社会保险费用、住房公积金、工会经费、职工教育经费等纳入其中。

③ 核算内容上，"应付职工薪酬"会计科目比原会计制度的"应付工资""应付福利费"等科目的核算内容更广泛。

④ 会计处理上，"应付职工薪酬"的账务处理是一个全新模式，是颠覆性的变化。比如，过去规定"职工教育经费""工会经费"列入"管理费用"科目；而新准则规定，凡是职工薪酬的组成内容，均应根据受益对象分配到相关的成本费用科目。

⑤ 信息披露上，统一了关于职工薪酬的披露原则，明确规定了披露的范围和内容。即在财务报表附注中披露支付给职工的工资奖金津贴、各类社会保险福利费、住房公积金、支付因解除劳动关系所给予的补偿以及其他职工薪酬等项目的金额。对于因接受企业解除劳动关系补偿计划建议的职工数量不确定而产生的或有负债，应根据《或有事项》准则规定进行披露。

（6）应交税费

企业必须按照国家规定履行纳税义务，对其经营所得依法缴纳各种税费。这些应缴税费应按照权责发生制原则进行确认、计提，在尚未缴纳之前暂时留在企业，形成一项负债。

应交税费是指企业根据在一定时期内取得的营业收入、实现的利润等，按照现行税法规定，采用一定的计税方法计提的应交纳的各种税费。包括企业依法交纳的增值税、消费税、营业税、企业所得税、资源税、土地增值税、城市维护建设税、房产税、土地使用税、车船税、教育费附加、矿产资源补偿费、印花税、耕地占用税等税费，以及在上缴国家之前，由企业代收代缴的个人所得税等。

应交税费是税务部门高度关注的科目。当一个企业的应交税费与营业收入的比率出现了不合理的现象，如忽高忽低，或低于同行业，或长期销项大于进项等情况时，税务部门会关注该企业的税收缴纳情况。

（7）应付股利

应付股利是企业根据股东大会或类似机构审议批准的利润分配方案确定分配给投资者的现金股利或利润。在确认分配方案、宣告分派现金股利或利润后实际支付前，需要将预计分配的股利或利润计入该科目。企业的资金通常有投资者投入，因此，企业在生产经营过程中实现的利润，在依法纳税后，还必须向投资人分配利润。而这些利润在应付未付之前暂时留在企业内，构成了企业的一项负债。应付股利属于流动负债。红利计提但未派发之前，应纳入"应付股利"科目。

（8）一年内到期的非流动负债

一年内到期的非流动负债是指反映企业长期负债中自报表报出日起一年内到期的长期负债。这种负债形式上是长期负债，但其本质是一种流动负债，所以需要在资产负债表中的流动负债中单独列式。本项目应根据"长期借款""应付债券""长期应付款"等科目所属有关明细科目的期末余额分析填列。

3.3.2 不急于还的非流动负债

非流动负债又称为长期负债，是指偿还期在一年或者超过一年的一个营业周期以上的债务。非流动负债的主要项目有长期借款和应付债券。非流动负债主要是企业为筹集长期投资项目所需资金而发生的，比如企业为购买大型设备或从事基建项目而向银行借入的中长期贷款等。

长期负债一般有项目大、金额高、时间长等特点。当企业需要购置大型设备，或从事基建项目，或从事科技开发项目时，向银行或其他金融机构贷款，构成企业的非流动负债。

（1）长期借款

长期借款是指企业向银行或其他金融机构借入的期限在一年以上（不含1年）或超过1年的一个营业周期以上的各项借款。

长期借款的利率通常高于短期借款，但信誉好或抵押品流动性强的借款企业，仍然可以争取到较低的长期借款利率。长期借款利率有固定利率和浮动利率两种。浮动利率通常有最高限和最低限，并在借款合同中明确。对于借款企业来讲，若预测市场利率将上升，应与银行签订固定利率合同；反之，则应签订浮动利率合同。

(2)应付债券

应付债券是指企业为筹集长期资金而实际发行的债券及应付的利息,它是企业筹集长期资金的一种重要方式。企业发行债券的价格受同期银行存款利率的影响较大。一般情况下,企业可以按面值发行、溢价发行和折价发行债券。

(3)长期应付款

长期应付款是指对其他单位发生的付款期限在一年以上的长期负债。而会计业务中的长期应付款是指除了长期借款和应付债券以外的其他多种长期应付款,主要有应付补偿贸易引进设备款、采用分期付款方式购入固定资产和无形资产发生的应付账款、应付融资租入固定资产租赁费等。

(4)其他长期负债

其他长期负债是指偿还期在一年或者超过一年的一个营业周期以上的负债,除长期借款、应付债券、长期应付款等以外的长期负债。

3.4 资产负债表中的所有者权益

所有者权益(所有者权益=资产-负债)包括投资者对企业的最初投入,以及资本公积金、盈余公积金和未分配利润。所有者权益是企业投资人对企业净资产的所有权,它根据总资产和总负债变动而发生增减变动。所有者权益包含所有者以其出资额的比例分享企业利润。与此同时,所有者也必须以其出资额承担企业的经营风险。所有者权益还意味着所有者有法定的管理企业和委托他人管理企业的权利。

3.4.1 出资人经营的本钱:实收资本

实收资本是出资人开办企业开展经营活动的本钱。它是指投资者作为资本投入企业的各种财产,是企业注册登记的法定资本总额的来源,它表明所有者对企业的基本产权关系。实收资本的构成比例是企业据以向投资者进行利润或股利分配的主要依据。实收资本按投资主体可分为国家资本、集体资本、法人资本、个人资本、港澳台资本和外商资本等,按照投资形式可划分为货币资金、实物和无形资产三种。

实物(固定资产、材料物资等)资产需审计等权威机构认定其入账价值来核算其实收资本,无形资产一般不得超过企业注册资金的70%,按投资各方确认的价值作为实收资本入账,如表3-15所列。

表3-15 年度实收资本变动情况汇总表

次序	投资者姓名	年初余额		本期增加金额	本期减少金额	年末余额	
		投资金额	所占比例(%)			投资金额	所占比例(%)
1							
2							
3							
4							
5							
合计							

3.4.2 出资人的额外所得:资本公积

资本公积是指企业在经营过程中由于接受捐赠、股本溢价以及法定财产重估增值等原因所形成的公积金。资本公积是投资者或者他人投入到企业、所有权归属于投资者并且投入金额上超过法定资本部分的资本。资本公积是与企业收益无关而与资本相关的贷项。

与原会计准则体系相比,新会计准则体系在"资本公积"账户的核算内容上发生了较大变化。在原会计准则体系下,"资本公积"是一个比较特殊的会计账户,核算内容庞杂,泡沫程度严重,包括资本溢价(股本溢价)、接受捐赠非现金资产准备、股权投资准备、拨款转入、外币资本折算差额、关联方交易差价和其他资本公积七项内容。新会计准则体系下,资本公积的核算内容只包括资本溢价(股本溢价)和其他资本公积。新旧会计准则体系"资本公积"的区别如表3-16所列。

表3-16 新旧会计准则体系"资本公积"的区别

项目	旧会计准则体系的处理方法	新会计准则体系的处理方法
资本溢价(股本溢价)	计入资本公积	计入资本公积
接受捐赠非现金资产准备	计入资本公积	计入营业外收入
股权投资准备	计入资本公积	计入当期收益

续表

项目	旧会计准则体系的处理方法	新会计准则体系的处理方法
拨款转入	计入资本公积	计入当期收益或递延收益
外币资本折算差额	计入资本公积	取消该项目核算
关联方交易差价	计入资本公积	计入营业外收入
其他资本公积	计入资本公积	

案例 6

以优至公司为例,假如股东尤之出资6万元,其中,货币资金4万元,另2万元以一台摄像机入股。实物经审计权威机构评估后,价值为2.5万元,那么超出2万元部分的价值0.5万元便应计入"资本公积"。

总体来说,资本公积就是除法律正常确认的投资者投入的注册资本外,由投资人、其他相关人员在注入资本或经营中"白"给企业的。但纯粹的捐赠和带有捐赠性质的关联交易有意降低价格的部分,扣除税金后通过"营业外收入"转入"本年利润",不计入"资本公积"。

3.4.3 出资人囤积的粮仓:留存收益

留存收益是公司在经营过程中所创造的,由于公司经营发展的需要或法定的原因等,没有分配给所有者而留存在公司的盈利。留存收益是指企业从历年实现的利润中提取或留存于企业的内部积累,它来源于企业的生产经营活动所实现的净利润,包括企业的盈余公积金和未分配利润两个部分,其中盈余公积金是有特定用途的累积盈余,未分配利润是没有指定用途的累积盈余。

盈余公积是指企业按照规定从净利润中提取的积累资金,包括法定盈余公积、任意盈余公积等。法定盈余公积按照净利润(减弥补以前年度亏损)的10%提取(非公司制企业也可按照超过10%的比例提取),法定公积金累计额已达注册资本的50%时可以不再提取。任意盈余公积主要是公司制企业按照股东会的决议提取,其他企业也可根据需要提取任意盈余公积。

盈余公积用于弥补公司的亏损、扩大公司生产经营或者转为增加公司资本。但是，资本公积金不得用于弥补公司的亏损。法定盈余公积转为资本时，所留存的该项盈余公积不得少于转增前公司注册资本的25%。未分配利润是指企业实现的净利润经过弥补亏损、提取盈余公积和向投资者分配利润后留存在企业的、历年结存的利润，是企业所有者权益的组成部分。

案例 7

优至公司本月份未分配利润为−2.7万元，企业暂时处于亏损状态。利润分配一般在年度结束时分配，净利润扣除盈余公积金、法定盈余公积金、任意盈余公积金之后的利润，可分配给股东。当然，是否进行利润分配取决于公司的章程规定以及董事会决议，有时也取决于企业的客观情况。

第4章
利润表：企业经营成果的直接反映

企业总是以盈利为目的，投入的资金、人力、物力、技术，其目的就在于最大限度地获取利润。企业利润表是反映企业盈利状况的一种财务报表，能够直截了当地显示企业在某段时期的经济效益和经营成果。本章主要介绍利润表的基础知识，包括结构形式、组成部分以及计算方法。

4.1 结构形式

利润表的计算是收入减去成本费用,利润在左,收入、成本费用在右,两者必须平衡,这就形成利润表的最基本结构"利润=收入-成本费用"。

利润表结构的表示形式一般有两种,分别为单步式利润表和多步式利润表。单步式利润表是将当期所有的收入列在一起,然后将所有的费用列在一起,两者相减得出当期净损益。多步式利润表是通过对当期的收入、费用、支出项目按性质加以归类,按利润形成的主要环节列出一些中间性利润指标,如营业利润、利润总额、净利润,分步计算当期净损益。

4.1.1 自上而下

利润表一般由表首、正表两部分组成,表首主要用以说明报表名称编制单位、编制日期、报表编号、货币名称、计量单位等;正表是利润表的主体,反映形成经营成果的各个项目和计算过程,所以这部分表也称为损益计算书。

利润表正表一般采用自上而下的形式,如同一幅悬挂着的竖幅字画,看上去一目了然、结构分明。

以优至公司的财务报表为例,具体如表4-1所列。

表4-1 优至公司财务报表(损失以"—"号填列)

编制单位:优至公司　　　　2015年10月　　　　　　单位:元

项目	本期金额	本年累计金额
一、营业收入	20000.00	
减:营业成本	12000.00	
税金及附加		
销售费用		
管理费用	35000.00	
财务费用		
资产减值损失		

续表

项目	本期金额	本年累计金额
加：公允价值变动收益		
投资收益		
其中：对联营企业和合营企业的投资收益		
资产处置收益		
其他收益		
二、营业利润（亏损以"-"号填列）	-27000.00	
加：营业外收入		
其中：非流动资产处置利得		
减：营业外支出		
其中：非流动资产处置损失		
三、利润总额（亏损总额以"-"号填列）	-27000.00	
减：所得税费用		
四、净利润（净亏损以"-"号填列）	-27000.00	
（一）持续经营净利润		
（二）终止经营净利润		
五、其他综合收益的税后净额		
六、综合收益总额		
七、每股收益：		
（一）基本每股收益		
（二）稀释每股收益		

单位负责人： 财务负责人： 制表人：

从表4-1中可以非常直观地看出优至公司的收入、成本、费用及净利润。当优至公司的财报使用者想了解优至公司的经营情况时，他可以通过利润表发现，优至公司本月份开展的业务较少，所以净利润为-2.7万元，暂时处于亏损状态。这张报表可能会影响到财报使用者的某项决定。当然，一项决定并不完全取决于一张利润表，还要考虑其他诸多因素。

4.1.2 一路减法

利润表结构还有一个特点，那就是一路减法，即从营业收入开始，自上而下开始递减，逐步展示企业的经营成果及其收支关系。

（1）第一步

反映营业利润（含其他业务利润），即营业收入扣减营业成本、税金及附加、销售费用、管理费用、财务费用等成本费用后的余额。

（2）第二步

反映利润总额，即营业利润加(减)营业外收支等项目后的余额。

（3）第三步

反映净利润，即利润总额扣减所得税费用后的余额。

企业在生产经营中会不断地发生各种费用支出，同时也会取得各种收入，收入减去费用，剩余的部分就是企业的盈利。取得的收入和发生的相关费用的对比情况就是企业的经营成果。如果企业经营不当，发生的生产经营费用超过取得的收入，企业就发生了亏损；反之企业就能取得一定的利润。会计部门定期（一般按月份）核算企业的经营成果，并将核算结果编制成报表，这就形成了利润表。

4.2 利润表的组成

利润表的组成主要包括收入、成本、利润3个部分，利润是收入减去成本费用之后的所得。利润表中的收入是按其重要性进行列示的，包括主营业务收入、其他业务收入、投资收益、补贴收入、营业外收入等；利润表中的成本费用也是按其性质进行列示，包括主营业务成本、销售费用、管理费用、财务费用、其他业务支出、营业外支出，费用包括税金及附加、所得税费用等；利润包括营业利润、利润总额、净利润等。

4.2.1 收入

利润表中的收入，是指企业经营赚来的钱，如某公司给客户提供了培训，客户支付的培训费用就是收入。值得注意的是，在会计核算中收入分很多种，不同的收入核算是有所区别的，因此体现在利润表中也是不同的。

（1）营业收入

营业收入是指企业在从事销售商品、提供劳务和让渡资产使用权等日常经营业务过程中所形成的经济利益的总流入。营业收入分为主营业务收入和其他业务收入。主营业务收入是企业主要的经营项目，企业盈利能力主要取决于主营业务收入。主营业务收入越高，盈利能力越强，企业发展越有后劲；反之，企业可能会陷入困境之中。其他业务收入是用来核算企业除主营业务收入以外的其他销售或业务的收入，如销售材料或边角废料、包装物、代购代销出租等收入。

> **案例 2**
>
> 以优至公司为例，其主营业务是财税管理咨询，那么它的主营业务收入主要来源于为社会提供财税管理咨询以及管理培训等活动。公司在成立的次月实现收入2万元，尚不能代表它的盈利能力。但随着公司的财税管理咨询业务的增加，公司的盈利能力也会逐步提高，具有发展提升的空间。

（2）投资收益

投资收益是企业对外投资所取得的利润、股利和债券利息等收入减去对外投资的损失后的净收益。

（3）营业外收入

营业外收入是指企业确认与企业生产经营活动没有直接关系的各种收入。营业外收入并不是由企业经营资金耗费所产生的，不需要企业付出代价，实际上是一种纯收入，不需要与有关费用进行配比。因此，在会计核算上，应当严格区分营业外收入与营业收入的界限。可以这么理解，除企业营业执照中规定的主营业务以及附属的其他业务之外的收入，均可视为营业外收入。

营业外收入主要包括：非流动资产处置利得、非货币性资产交换利得、出售无形资产收益、债务重组利得、企业合并损益、盘盈利得、因债权人原因确实无法支付的应付款项、政府补助、教育费附加返还款、罚款收入、捐赠利得等。

4.2.2 成本

企业要赚取收入，必须有所付出，付出的资金包括用于购买材料及包装物，支付人力成本，以及用于维持生产经营所必须耗用的费用等。

（1）营业成本

营业成本指企业销售商品或者提供劳务的成本。营业成本应当与销售商品或者所提供劳务而取得的收入进行配比。营业成本又分为主营业务成本和其他业务成本，主营业务成本与主营业务收入相对应，反映的是企业主要业务所耗用的成本；其他业务成本与其他业务收入相对应，反映的是企业其他业务所耗用的成本。

营业成本虽然是企业的耗用，不如营业收入那样能直接给企业带来创收，但营业成本的管理同样重要。倘若管理有方，有效降低消耗，降低费用，便能降低营业成本，在收入相同的情况下，赚取更多利润；反之则利润很少，或导致亏损。

（2）销售费用

销售费用主要是与销售相关的费用，是指企业在销售产品、自制半成品和提供劳务等过程中发生的各项费用，包括由企业负担的差旅费、包装费、运输费、广告费、装卸费、保险费、委托代销手续费、展览费、租赁费（不含融资租赁费）和销售服务费、销售部门人员工资、职工福利费、差旅费、折旧费、修理费、物料消耗、低值易耗品摊销以及其他经费等。

现代企业都很重视商品营销，现代化的营销手段成为企业销售产品赚取收入的重要途径，所以销售费用在费用总额中占有相当的比例，也是费用控制中的重点和难点。

随着网络时代的到来，网络营销业已成为企业选择推广品牌、谋求销售的重要途径。网络营销产生的费用亦应计入"销售费用"。

（3）管理费用

管理费用是指行政管理部门为组织和管理生产经营活动而发生的各项费用。包括管理人员工资及福利费、职工教育经费、业务招待费、税金、技术转让费、无形资产摊销、咨询费、诉讼费、开办费摊销、上缴上级管理费、劳动保险费、待业保险费、董事会会费、财务报告审计费、筹建期间发生的开办费以及其他管理费用。

新《企业所得税法》对管理费用的税前扣除有许多的规定，如表4-2所列。

表4-2　新《企业所得税法》对管理费用的税前扣除规定

① 职工福利费：超过工资总额14%提取范围的，不可以税前扣除。

② 工会经费：超过工资总额2%提取范围的，不可以税前扣除。

③ 职工教育经费：超过工资总额2.5%提取范围的，不可以税前扣除。

④ 业务招待费：超过企业发生的与生产经营活动有关的业务招待费支出标准的，不可以税前扣除（正常生产经营活动期间按照发生额的60%扣除，但最高不得超过当年销售收入的5‰；企业筹办期间按照发生额的60%扣除）。

⑤ 企业发生的符合条件的广告费和业务宣传费支出，除国务院财政、税务主管部门另有规定外，超过当年销售（营业）收入15%的部分，不可以税前扣除；超过部分，准予在以后纳税年度结转扣除；筹办期间发生的广告费和业务宣传费，可按实际发生额计入企业筹办费，并按有关规定在税前扣除。

⑥ 企业发生的不合理的工资薪金支出，不可以税前扣除。

⑦ 企业为投资者或者职工支付的补充养老保险费、补充医疗保险费，超过国务院财政、税务主管部门规定的范围和标准内，不可以税前扣除。

⑧ 企业为投资者或者职工支付的商业保险费，不可以税前扣除。

⑨ 非金融企业向非金融企业借款的利息支出，超过按照金融企业同期同类贷款利率计算的数额的部分，不可以税前扣除。

⑩ 企业依照法律、行政法规有关规定提取的用于环境保护、生态恢复等方面的专项资金，准予扣除。上述专项资金提取后改变用途的，不可以税前扣除。

⑪ 企业之间支付的管理费、企业内营业机构之间支付的租金和特许权使用费，以及非银行企业内营业机构之间支付的利息，不可以税前扣除。

⑫ 企业发生的公益性捐赠支出，超过年度利润总额12%的部分，不可以税前扣除。

⑬ 企业所得税法所称赞助支出，企业发生的与生产经营活动无关的各种非广告性质支出，不可以税前扣除。

（4）财务费用

向别人借款，要支付利息，这就是财务费用。财务费用的范畴还不止是利息，它是指企业在生产经营过程中为筹集资金而发生的筹资费用，包括企业生产经营期间发生的利息支出（减利息收入）、汇兑损益、金融机构手续费，企业发生的现金折扣或收到的现金折扣等。但在企业筹建期间发生的利息支出，应计入开办费；为购建或生产满足资本化条件的资产发生的应予以资本化的借款费用，在"在建工程""制造费用"等账户核算。

通过财务费用指标，可以反映企业的融资现状以及企业的负债程度等。

（5）缴纳的税费

企业从事经营活动，必须缴纳相关的税收，这是纳税人应尽的义务。我国目前的流转税中，增值税采用价外税模式，消费税与营业税采用价内税模式。增值税不在"营业税金及附加"科目中列示。新的税法取消了营业税，"营业税金及附加"调整为"税金及附加"。

1）税金及附加

税金及附加反映企业经营的主要业务应负担的消费税、资源税、教育费附加、城市维护建设税等。需要注意的是，根据财会〔2016〕22号，之前在"管理费用"科目中列支的"四小税"（房产税、土地使用税、车船税、印花税），现在同步调整到"税金及附加"科目。

2）所得税费用

所得税费用是指企业经营利润应交纳的所得税。企业获取利润后，在利润分配之前，应按规定向国家缴纳一定的所得税。

4.2.3 利润

利润表的最终目的，是为了计算和反映利润。在利润表中，主要反映的利润包括营业利润、利润总额和净利润。

（1）营业利润

营业利润是指企业所有与生产经营相关的活动（包括销售商品和提供劳务等活动）所实现的利润，是营业收入扣除营业成本加上投资收益（减去投资损失），再扣除期间费用后的所得。

营业利润在企业的盈利水平中占据举足轻重的地位，决定了企业的经营规模和盈利实力。企业能否长足发展，能否取得好的业绩，营业利润是非常重要的参考指标。

（2）利润总额

利润总额是指营业利润加营业外收入再扣减营业外支出后的所得。利润总额考虑了与企业经营活动无关的营业外收益。

（3）净利润

净利润是指企业按利润总额及所得税的规定缴纳了所得税后的利润留成，也称税后利润。净利润的多少取决于两个因素，一是利润总额，二是所得税税率。企业的所得税率都是法定的，所得税率越高，净利润就越少。反之，则净利润越高。

4.3 利润的计算

如果只从利润表的表面去理解,似乎利润的计算很简单。但实际上,财务人员在计算利润时会考虑很多的因素。这些因素要考虑会计法规的要求,还要考虑税法的要求,同时还要考虑企业的经营实际,才能准确地反映企业的经营成果。

利润的计算,在不考虑营业外收入和投资收益等个别增项的情况下,是在企业收入的基础上不断扣减支出的过程,即企业收入减企业支出的差价。为了更好地理解这个问题,我们先来了解一下企业收入、支出的常见项目,如图4-1所示。

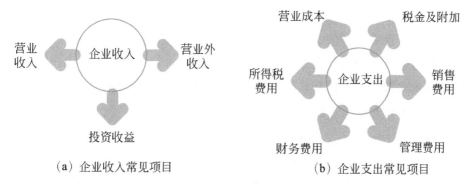

图4-1 企业收入和支出常见项目

图4-1(a)反映的是企业收入的常见项目,包括营业收入、营业外收入及投资收益,一般来讲,营业收入应当占有较大比例,否则企业经营活动可能就遇到了困境。

图4-1(b)反映的是企业经营过程中各项成本费用等支出项目。其中,营业成本占的比例应较大,过低或过高的营业成本都表明企业在经营活动中的投入存在一定问题。其次就是销售、管理、财务以及各种税金等期间费用,期间费用也是企业支出中重要的组成部分。按规定,期间经费使用不但要进行严格管控,还要考虑到税务部门对各项费用的要求。

以上所列常见企业收入和支出,相减后余下的就是利润。

《新企业会计准则》对利润表的计算方法做了一些调整,主营业务和其他业务不再分列示。利润计算步骤如下:

① 第一步:计算营业利润。
② 第二步:计算利润总额。
③ 第三步:计算净利润。

（1）营业利润的计算

营业利润的计算公式如下：

营业利润=营业收入−营业成本−期间费用−资产公允损失（若有资产公允收益以"+"号填列）−投资损失（若投资收益以"+"号填列）

其中：营业收入=主营业务收入+其他业务收入

营业成本=主营业务成本+其他业务成本

期间费用=销售费用+管理费用+财务费用

资产公允损失是指因资产的账面价值高于其可收回金额而造成的损失；公允价值变动净收益是指企业以各种资产，如投资性房地产、交易性金融资产等公允价值变动而形成的应计入当期损益的利得或损失，即公允价值与账面价值之间的差额，它反映了资产在持有期间因公允价值变动而产生的损益；投资收益则是指企业投资收益减投资损失后的净额。

判断一个企业是不是赚钱，主要从营业利润来判断。营业利润为正数时表明企业处于盈利状态；营业利润为负数时，意味着企业处于亏损状态。

（2）利润总额的计算

利润总额的计算公式如下：

利润总额=营业利润+营业外收入−营业外支出

利润总额是在营业利润的基础上，加上营业外利润。营业外利润就是营业外收入减去营业外支出。通常情况下，营业外利润一般会小于营业利润，但可以作为企业利润体系中的有益组成部分。

利润总额也称为税前利润，是企业在未缴纳所得税费用之前的利润。

（3）净利润的计算

净利润的计算公式如下：

净利润=利润总额−所得税费用

或：净利润=利润总额×（1−所得税率）

所谓净利润，是指在利润总额中按规定缴纳了所得税以后公司的利润留存，一般也称为税后利润或净收入，这才是真正能够归企业自主分配的部分。

企业的净利润主要取决于两个因素，即利润总额和所得税率。企业增收节支，扩大经营，可以增加利润总额；企业进行税收筹划，争取享受所得税的优惠法规，可以合理合法地降低自己所适应的所得税税率。另外有效控制不得在税前扣除的项目开支，能够通过减少应纳税所得额，降低所得税费用，获得更多的净利润。

第 5 章
现金流量表：现金及其等价物的动态展示

现金流量表是财务报表的三个基本报告之一，用以表现企业在某一固定期间（通常是每月或每季）内的现金（包含银行存款）的增减变动态势。本章主要介绍现金流量表的基础知识，包括基本结构、作用以及统计方法。

5.1 基本结构

现金流量表的结构采用的是"三段式","三段式"结构逻辑清晰,浅显易懂,可较为全面地体现企业现金流量表的形成。现金流量一般由3部分构成,即经营活动产生的现金流量、投资活动产生的现金流量和筹资活动产生的现金流量。

(1)经营活动产生的现金流量

经营活动引起现金的流入与流出,即经营活动通过营销商品或劳务等引起现金收入形成了经营活动的现金流入,经营活动通过采购或薪酬等引起的现金支付形成了经营活动的现金流出,两者之差形成了经营活动的现金净流量。

(2)投资活动产生的现金流量

投资活动引起现金的流入与流出,即将企业非现金资产出售,按本金所取得的现金形成投资活动的现金流入;以现金购买各项非现金资产形成了投资活动的现金流出,两者之差形成了投资活动的现金净流量。

(3)筹资活动产生的现金流量

筹资活动引起现金的流入和流出,即向所有者筹措资本(发行股票)、向金融机构借款(短长期贷款)、向客户借款(包括预付款)等形成了筹资活动的现金流入;向金融机构还本、支付客户货款、所有者撤资(功股票回购)等形成了筹资活动的现金流出,两者之差形成了筹资活动的现金净流量。

5.1.1 三段式

为了更好地了解现金流量表的构成及其三段式结构,接下来可通过一个案例进行分析。

某公司的现金流量表见表5-1。

表5-1 某公司现金流量表

编制单位：某企业管理有限公司　　2018年3月25日　　　　　　单位：元

项目	金额	现金流动说明
一、经营活动产生的现金流量：		
销售商品、提供劳务收到的现金	16000.00	收到路道公司培训费
收到税费返还		
收到的其他与经营活动有关的现金		
现金流入小计	16000.00	
购买商品、接受劳务支付的现金	32000.00	1.支付办公费用；2.外聘培训师
支付给职工的现金	10000.00	支付公司员工工资
支付的各项税费		
支付的其他与经营活动有关的现金	60000.00	支付全年房租
现金流出小计	102000.00	
经营活动产生的现金流量净额	-86000.00	
二、投资活动产生的现金流量：		
收回投资所收到的现金		
取得投资收益所收到的现金		
处理固定资产、无形资产和其他长期资产收到的现金净额		
处置子公司及其他营业单位收到的现金净额		
收到的其他与投资活动有关的现金		
现金流入小计		
购建固定资产、无形资产和其他长期资产所支付的现金	30000.00	1.购买电脑5台；2.购买投影仪2台
投资所支付的现金		
取得子公司及其他营业单位支付的现金净额		
支付的其他与投资活动有关的现金		
现金流出小计	30000.00	

续表

项目	金额	现金流动说明
投资活动产生的现金流量净额	-30000.00	
三、筹资活动产生的现金流量：		
吸收投资所收到的现金	100000.00	收到尤之和新月投资款
借款所收到的现金	20000.00	小贷公司借款
收到的其他与筹资活动有关的现金		
现金流入小计	120000.00	
偿还债务所支付的现金		
分配股利或利润或偿付利息所支付的现金		
支付的其他与筹资活动有关的现金		
现金流出小计		
筹资活动产生的现金净流量净额	120000.00	
四、汇率变动对现金的影响额		
五、现金及现金等价物净增加额		
加：期初现金及现金等价物余额		
六、期末现金及现金等价物余额	4000.00	

单位负责人： 财务负责人： 制表人：

通过表5-1可以看出，现金流量表的主要列示分为三段。此三项业务活动给企业带来了现金流的变化，共同构成现金流入、流出及其现金净流量，是现金流量表的形成基础。

需要注意的是，现金流量表中的现金流入流出与企业的收入和支付并不完全一致。企业的收入有可能收到现金，也可能没收到现金，现金流量表只反映收到现金的部分。比如某公司的培训费为2万元，但只收到对方支付1.6万元，那么，现金流量表则只能反映现金流进1.6万元；同样，企业的支出有可能付出现金，也可能没付出现金，现金流量表只反映付出现金的部分。

可能有人会提出疑问，如果反映现金的净流量，资产负债表不同样可以吗？资产负债表上的货币资金准确地反映了企业拥有的资金，而且通过与年初数对比，可以了解到企业货币资金的增减变化。

其实不然，我们举个例子来说明。

> **案例 2**
>
> 某年甲公司经营活动的现金净流量为2000万元，投资活动耗费了800万元，筹资活动耗费了700万元，那么该公司的现金净流量就为500万元。
>
> 同年乙公司经营活动现金净流量为-500万元，投资活动现金净流量为-300万元，而通过筹资活动后获得了现金流量为1300万元。
>
> 现在将两家公司的现金流量通过表格来对比一下，具体如表5-2所列。
>
> 表5-2 两家公司现金流量对比表　　单位：万元
>
> | 项目 | 甲公司 | 乙公司 |
> | --- | --- | --- |
> | 经营活动现金净流量 | 2000 | -500 |
> | 投资活动现金净流量 | -800 | -300 |
> | 筹资活动现金净流量 | -700 | 1300 |
> | 现金净流量 | 500 | 500 |
>
> 通过表5-2得知，甲公司和乙公司的现金净流量是相等的。如果看资产负债表的话，两家公司的现金余额是一样的。但当我们通过现金流量表来分析时，就会发现，甲公司运行得很健康，经营能力很强。而乙公司有可能已处于经营危机之中，至少要通过融资来维持资金周转了。这就是现金流量表不同于资产负债表的功能。

5.1.2 排序原则

现金流量表结构看上去很简单，但实际上为了报表的科学有序性，三项业务的排序是非常讲究的。其中有很多规则需要遵守，具体包括3个，分别为稳定性原则、制约性原则和风险性原则。

（1）稳定性原则

现金流量表对三项不同业务活动进行排序的基本原则是稳定性。稳定性是指现金可以持续取得的可能性，如果一项业务活动所带来的现金在未来能够长久持续地取得,那么由这项业务活动所形成的现金的稳定性就越高;反之,稳定性越低。

形成现金净流量的三项业务活动按照稳定性排序就是:来自经营活动的现金净流量、来自投资活动的现金净流量和来自筹资活动的现金净流量。这三项业务活动与现金净流量的稳定性关系是:企业的现金净流量越是来自于经营活动,其稳定性程度就越高。因为经营活动是企业盈利的根本,也是现金净流量的源头。而且经营活动是必须持续进行的,经营活动所取得的现金净流量的比重越大,现金净流量在未来持续取得的可能性就越大,现金净流量的稳定性就越大。

投资活动形成的现金净流量,其稳定性显然不如经营活动的现金净流量,因为投资活动的现金净流量取决于企业非现金资产的变现结果。与经营活动的现金净流量相比,投资活动的现金净流量虽然增加了现金流量,但企业的总资产及净资产的总规模并未增加,所以它只是存量资产内部变现能力及结构的改变。

筹资活动的现金净流量显然稳定性最低,因为筹资活动的现金流入取决于企业的经营能力。如果企业处于亏损状态,债权人和投资人都不可能向企业提供资金,那么就会影响到企业的筹资活动。

(2)制约性原则

现金流量表排序的另一原则是制约性原则,即按照不同业务活动的现金净流量对企业的制约程度来排序,制约越小越排前面,制约越大越排后面。

制约性原则体现了业务活动的现金流动中企业能够完全支配的程度,是否受到某些制约。

经营活动的现金净流量是企业经营所得,现金完全取决于经营活动,企业有完全自由的支配权,其使用一般不会受到任何方面的限制(不包括企业自身资金不足原因所受到的限制)。

投资活动的现金净流量是企业资产内部不同资产的变现能力结构调整所致,并未改变企业资产的总量和结构,所以投资活动形成的现金净流量所受的制约主要取决于原资金提供主体的筹资约束条款,这种制约程度虽然存在,但并不是太大。

而筹资活动的现金净流量,其资金提供主体必然会提出各种资金使用的限制性条款,其约束性程度很高。比如银行贷款,要附加抵押担保条款、流动性条款、优先支付条款等。

（3）风险性原则

现金流量表排序还考虑了风险性的大小，风险性指业务活动产生的现金给企业带来到期还本付息的风险和压力。经营活动所产生的现金净流量是经营所得，无需偿还本金也无需支付利息，不存在到期还本付息的风险；投资活动所产生的现金净流量，是企业内部不同资产的变现能力结构发生变化，其风险性是由原来的资本结构所决定，到期还本付息的压力并未发生变化；而筹资活动所产生的现金净流量，如果是借款，是要面临到期还本付息的风险的，如果是资本筹集，则会面临企业的获利压力必须增大。不然的话，投资人就会撤资，企业将重新面临融资风险。

5.2 资金流的作用

企业活动中产生的资金运动，不外乎来自经营活动、投资活动以及筹资活动这三项活动所产生的资金，那么接下来就阐述一下三大资金流的作用。

（1）是企业生存与发展之本

经营活动是企业发展的基础，任何企业都以经营活动作为事业之本。企业从事经营活动，无论主营业务还是其他业务，必定会产生现金流量。以工业企业为例，其经营活动从购进原料与劳务开始，然后加工生产，再以对外销售产品回笼资金结束。这个经营过程本身就是一个资金循环的过程，涉及了现金的流入与流出，产生了现金流量。

经营活动产生的现金流量，是指生产经营活动所产生的现金收入与支出之差，就是将销售商品、提供劳务收到的现金与购进商品、接受劳务付出的现金进行比较，分析企业是否保有持续经营所需的现金。

1）经营活动现金流入量。

包括用来归集销售商品、提供劳务收到的现金，收到的税费返还，收到其他与经营活动有关的现金等。

2）经营活动现金流出量。

包括用来归集购买商品、接受劳务支付的现金，支付给职工以及为职工支付的现金，支付的各项税费，支付其他与经营活动有关的现金等。

通过一个案例来说明经营活动的现金净流量，如表 5-3 所列。

案例 3

表5-3 某公司经营活动的现金净流量表

编制单位：某公司　　　　　　2018年1月　　　　　　　　单位：万元

项目	2016年	2017年	增减净额
经营活动产生的现金流量：			
销售商品、提供劳务收到的现金	350.00	410.00	60.00
收到税费返还	15.36	19.28	3.92
收到的其他与经营活动有关的现金	6.18	7.19	1.01
现金流入小计	371.54	436.47	64.93
购买商品、接受劳务支付的现金	207.00	261.00	54.00
支付给职工对职工支付的现金	10.11	13.58	3.47
支付的各项税费	27.10	30.12	3.02
支付的其他与经营活动有关的现金	2.80	4.20	1.40
现金流出小计	247.01	308.90	61.89
经营活动产生的现金流量净额	124.53	127.57	3.04

从表5-3中可以看出，该公司的现金净流量为正数。2016年度和2017年度的经营活动产生的现金流入分别为371.54万元和436.47万元；2016年度和2017年度的经营活动产生的现金流出分别为247.01万元和308.90万元。而且，2017年度比2016年度现金净流入额增加3.04万元，说明该公司的现金拥有量比较充沛，为公司不断发展提供了可能。

（2）为经营活动正常开展提供必要的财力支持

企业在开展经营活动的同时，必然会有投资活动。投资活动为经营活动提供条件和设施，也为企业提供新的经济增长点。投资活动产生的现金流量，是指企业对长期资产（通常指一年以上）的购建与处置产生的现金流量。

1）收回投资所收到的现金。

反映企业出售、转让或到期收回除现金等价物以外的短期投资、长期股权投资而收到的现金，以及收回长期债权投资本金而收到的现金。但不包括长期债权投资收回的利息，以及收回的非现金资产。

2）取得投资收益所收到的现金。

反映企业因各种投资而分得的现金股利、利润、利息等。

3）处置固定资产、无形资产和其他长期资产而收到的现金净额。

反映企业处置固定资产、无形资产和其他长期资产所取得的现金，并扣除为处置这些资产而支付的有关费用后的净额。因自然灾害所造成的固定资产等长期资产损失而收到的保险赔偿收入，也在本项目中反映。

4）收到的其他与投资活动有关的现金。

反映企业除了上述各项以外，收到的其他与投资活动有关的现金流入。在其他现金流入中，对于数额较大的，应单列项目反映。

5）购建固定资产、无形资产和其他长期资产所支付的现金。

反映企业购买、建造固定资产，取得无形资产和其他长期资产所支付的现金，但不包括为购建固定资产而产生的借款利息资本化部分，以及融资租入固定资产支付的租赁费。借款利息和融资租赁费在筹资活动产生的现金流量中单独反映。企业以分期付款方式购建的固定资产，其首次付款支付的现金作为投资活动的现金流出，以后各期支付的现金作为筹资活动的现金流出。

6）投资所支付的现金。

反映企业进行各种性质的投资所支付的现金，包括企业取得的除现金等价物以外的短期股票投资、长期股权投资支付的现金、长期债券投资支付的现金，以及支付的佣金、手续费等附加费用。此外企业购买股票和债券时，实际支付的价款中包含的已宣告但尚未领取的现金股利或已到付息期但尚未领取的债券的利息，应在投资活动的"支付的其他与投资活动有关的现金"项目反映；收回购买股票和债券时支付的已宣告但尚未领取的现金股利或已到付息期但尚未领取的债券利息，在投资活动的"收到的其他与投资活动有关的现金"项目反映。

7）支付的其他与投资活动有关的现金。

该项反映企业除了上述各项以外，支付的其他与投资活动有关的现金流量；对于其中现金流出数额较大的，应单列项目反映。

通过一个案例来了解投资活动的现金净流量，如表5-4所列。

案例 4

表5-4 某公司投资活动的现金净流量表

编制单位：某公司　　　　2018年1月　　　　　　单位：万元

项目	2016年	2017年	增减净额
投资活动产生的现金流量：			
收回投资所收到的现金	8.06	13.20	5.14
取得投资收益所收到的现金			
处理固定资产、无形资产和其他长期资产收到的现金净额	0.84		-0.84
处置子公司及其他营业单位收到的现金净额			
收到的其他与投资活动有关的现金			
现金流入小计	8.90	13.20	4.30
购建固定资产、无形资产和其他长期资产所支付的现金	5.18	8.27	3.09
投资所支付的现金	2.17	3.10	0.93
取得子公司及其他营业单位支付的现金净额			
支付的其他与投资活动有关的现金	0.30	0.13	-0.17
现金流出小计	7.65	11.50	3.85
投资活动产生的现金流量净额	1.25	1.70	0.45

通过表5-4中可以看出，该公司2016年度和2017年度投资活动产生的现金流入分别为8.90万元和13.20万元；2016年度和2017年度投资活动产生的现金流出分别为7.65万元和11.50万元；2017年度的现金流量净额相比2016年度增长了0.45万元。现金流入量增加，对企业来说是件好事，便于企业的资金支配。但是不能本末倒置，投资活动的现金净流量不能成为企业的主要资金来源，否则企业经营便可能隐藏着潜在的风险。

（3）帮助企业资金困难时进行筹资

对企业来说筹资活动也很重要，特别是在企业自身资金不足经营出现困难时，筹集来的资金便是雪中送炭、绝渡逢舟。筹资活动产生的现金流量,是指导致企业资本及债务的规模和构成发生变化的活动所产生的现金流量,它同样包括现金流入和现金流出,并按其性质分项列示。

1) 吸收投资所收到的现金。

反映企业收到的投资者投入的现金,包括以发行股票方式筹集的资金实际收到的股款净额(即发行收入减去支付的佣金等发行费用后的净额)、发行债券实际收到的现金(发行收入减去支付的佣金等发行费用后的净额)等。其中:以发行股票方式等筹集资金而由企业直接支付的审计、咨询等费用,以及发行债券支付的发行费用,在"支付的其他与筹资活动有关的现金"项目反映,不从本项目内扣除。

2) 借款所收到的现金。

反映企业举借各种短期、长期借款所收到的现金。

3) 收到的其他与筹资活动有关的现金。

反映企业除上述各项目外,收到的其他与筹资活动有关的现金流入,如接受现金捐赠等。在其他现金流入中,对于数额较大的,应单列项目反映。

4) 偿还债务所支付的现金。

反映企业以现金偿还债务的本金,包括偿还金融企业的借款本金、偿还债券本金等。其中,企业偿还的借款利息、债券利息,在"偿债利息所支付的现金"项目反映,不包括在本项目内。

5) 分配股利、利润和偿还利息所支付的现金。

反映企业实际支付的现金股利、利润,以及支付给其他投资的利息。

6) 支付的其他与筹资活动有关的现金。

反映企业除了上述各项外,支付的其他与筹资活动有关的现金流出,如捐赠现金支出等。在其他现金流出中,对于数额较大的,予以单独列项反映。

接下来来看一下某公司筹资活动的现金净流量,如表5-5所列。

案例 5

表5-5 某公司筹资活动的现金净流量表

编制单位:××公司　　　　　2018年1月　　　　　　单位:万元

项目	2016年	2017年	增减净额
筹资活动产生的现金流量:			
吸收投资所收到的现金	35.00		-35.00

续表

项目	2016年	2017年	增减净额
借款所收到的现金	16.00		-16.00
收到的其他与筹资活动有关的现金	2.53	3.17	0.64
现金流入小计	53.53	3.17	-50.36
偿还债务所支付的现金	13.69	18.45	4.76
分配股利或利润或偿付利息所支付的现金	2.34	3.81	1.47
支付的其他与筹资活动有关的现金	3.49	6.87	3.38
现金流出小计	19.52	29.13	9.61
筹资活动产生的现金净流量净额	34.01	-25.96	-59.97

表5-5表明，该公司2017年度筹资活动的现金净流量为负数，2016年度和2017年度筹资活动产生的现金流入分别为53.53万元和3.17万元；筹资活动产生的现金流出分别为19.52万元和29.13万元；2017年度筹资活动的现金流量净额相比2016年度减少了59.97万元。

2017年度需要偿付去年筹资产生的债务和支付其他支出，所以现金流量净额为负数，说明筹资活动现金流出大于现金流入。但这并不意味着一定是不利的。如果筹资活动现金流量净额小于或等于零，可能别有他因。如果企业筹资实现了目的，赢得了利润，再用赚来的现金去偿还债务，也会出现筹资活动现金流量为负数。而筹资活动现金流量净额大于零，也要分析企业筹资的目的。如果企业是为了扩大规模，或经营困难时，也需要筹资来渡过难关，以期实现更大的利益。

察看现金流量表，应透过现象看本质，同时结合其他报表，结合报表企业的实际状况，才能得到准确的判断。

5.3 现金流量表的统计

企业经营活动往往呈现多样化、烦琐化、复杂化。尤其是大型企业，日常经营中的现金流入流出种目繁多，很难准确核算出企业的现金流量表。于是，核算企业现金流量有了两种方法：直接法和间接法。

直接法就是通过现金流入和支出的主要类别，直接反映来自企业经营活动现金流量的统计方法。采用这种方法统计现金流量，可以有效地揭示出企业经营活动现金流量的来源和用途，也有助于预测企业未来的现金流量。

间接法就是在企业当期净利润的基础上，通过有关项目的调整，从而确定出经营活动的现金流量。间接法统计现金流量，可以揭示净收益与净现金流量的差别，从而有利于分析收益的质量和资金管理情况。利润表反映的净利润以权责发生制为基础进行统计，而现金流量表是以收付实现制为基础进行统计。

两种方法统计方式不同，原理也不同，直接法以营业收入为起点，围绕三大资金活动来进行分析。5.1节、5.2节中所说的三大现金活动其实就是围绕直接法来讲的，是比较通用的一种。由于已经做过详细阐述，这里不再赘述，接下来重点说说间接法。间接法是以净利润为起点，采取逐步还原的方法，或剔除，或补充，最终还原经营活动的现金净流量。以优至公司的2015年10月份的现金流量表为例，如表5-6所列。

表5-6　优至公司2015年10月份现金流量表

补充资料

1.将净利润调节为经营活动的现金流量	本月数	说明
净利润	-27000.00	
加：计提的资产减值准备		
固定资产折旧		
无形资产摊销		
长期待摊费用摊销		
待摊费用减少（减：增加）		
预提费用的增加（减：减少）		
处置固定资产、无形资产和其他长期资产的损失（减：收益）		
固定资产报废损失		
财务费用		

续表

投资损失（减：收益）		
递延税款贷项（减：借项）		
存货的减少（减：增加）		
经营性应收项目的减少（减：增加）	-59000.00	1. 应收账款增加4000元； 2. 预付账款增加55000元
经营性应付项目的增加（减：减少）		
其他		
少数股东本期收益		
经营活动产生的现金流量净额	-86000.00	
2. 不涉及现金收支的投资和筹资活动		
债务转为资本		
一年内到期的可转换公司债券		
融资租入固定资产		
其他		
3. 现金及等价物净增加情况		
现金的期末余额	4000.00	
减：现金的期初余额		
加：现金等价物的期末余额		
减：现金等价物的期初余额		
现金及现金等价物的净增加额	4000.00	

从表5-6中得出，将净利润调整为经营活动现金净流量，需要进行以下的调整和计算：

1）扣除非经营活动的损益。

先调整已减少利润但与经营活动并无关联的项目。这些项目主要包括：处置固定资产、无形资产、其他长期资产的损失，固定资产报废损失，财务费用，投资损失等。通过对净利润中非经营活动损益的调整，得出的才是经营活动带来的净损益。

2）加上不支付经营资产的费用。

一些经营费用按照权责发生制应予计算，但实际并未发生现金支付，应按收付实现制的要求补充进来。这类费用有：计提的减值准备，计提固定资产折旧，无形资产摊销，长期待摊费用摊销，待摊费用减少，预提费用增加。如此，才符合收付实现制的核算要求。

　　3）加上非现金流动资产减少。

　　这些项目发生的变化，带动了现金的变化，但并未引起利润的变化，所以要补充进来。比如应收账款，期初1200元，期末500元，说明本期收回700元，现金发生了流动，但利润并未受到影响。这类项目包括：存货减少（减增加）和经营性应收项目减少。经营性应收项目减少包括：应收票据减少（减增加）、应收账款减少（减增加）、预付账款减少（减增加）、其他应收款减少（减增加）等。

　　4）加上经营性应付项目增加。

　　这类项目与非现金流动资产的项目恰好相反，它们也会引起现金的流动，却对利润没有影响。比如应付账款期初1200元，期末500元，说明本期支付了700元，现金发生了变动，但利润也未受到影响。这类项目包括：应付票据增加（减减少）、应付账款增加（减减少）、其他应付款增加（减减少）、应付工资增加（减减少）、应付福利增加（减减少）、应交税金增加（减减少），以及递延税款贷项（该项目也可列作非经营损益）。

第 6 章

所有者权益变动表：所有者享有权益的增减变动

所有者权益变动表是反映公司本期（年度或中期）内至截至期末所有者权益变动情况的报表，集中反映一定时期所有者权益变动的情况。本章主要介绍所有者权益变动表的基础知识，包括概念、组成、作用以及如何填写。

6.1　概念及组成内容

6.1.1　概念

所有者权益变动表也称股东权益变动表，是反映构成股东权益的各个项目在一定期限内变动情况的报表。这张表其实是反映投资人投入资本及其增值在分配和留存时，投资人的权益在一定期间内有了怎样的变化。

该表的编制是我国会计制度改革里程中非常重要的一步，体现了我国会计准则与国际会计准则的趋同性，也体现了所有者权益的重要性。

6.1.2　组成内容

所有者权益变动表主要包括以下6项内容。

（1）净利润

企业在一定时间内通过经营活动或其他业务产生的收入，扣除经营过程投入的成本费用和税金，得到了净利润。净利润随着经营每月都在变化，从根本上能引起所有者权益项目的增加，因而在所有者权益变动表中得到详细列示。

（2）直接计入所有者权益的利得和损失项目及其总额

企业经营有时会产生与经营无关而直接计入企业利得和损失的项目，比如：可供出售金融资产公允价值变动净额，以公允价值计量，损益计入资本公积，不影响利润，但影响了所有者权益，需要予以关注。为了与企业经营引起的权益变化区分开来，需要单独列示。

（3）会计政策变更和前期差错更正的累积影响金额

相同的经济业务，不同的会计方法，反映在会计报表项目上的金额就会不同，会引起所有者权益的变动。

（4）所有者投入资本和股份支付计入所有者权益的金额

投资者增加对企业资本的投入时，计入"所有者投入资本"栏；企业处于等待期中的权益结算的股份支付当年计入资本公积时，股份支付影响了所有者权益。

（5）利润分配项目

按规定提取的盈余公积，计入提取盈余公积项目；企业在当期分配给股东的利润或股利，计入对所有者（或股东）的分配项目。

（6）所有者权益内部结转

当企业以资本公积转增资本或增加股本时，计入资本公积转增资本项目；当企业以盈余公积转增资本或增加股本时，计入盈余公积转增资本项目；当企业以盈余公积弥补亏损时，计入盈余公积弥补亏损项目。

以上项目反映的都是企业所有者权益的变动情况，并列示所有者权益类项目的上期余额，让报表使用者能够看清本期所有者权益资本的变化。

6.2 所有者权益变动表的作用

所有者权益增减变动一度是以资产负债表的附表形式出现的。新的企业会计准则下，它成了与资产负债表、利润表和现金流量表并列披露的第四张财务报表。所有者权益变动表为财务报表使用者们揭示了以下3个方面的内容。

（1）企业权益的增加

所有者权益变动表把权益增加分成了"最终属于所有者权益变动的净利润"和"与经营无关，直接计入所有者权益的利得和损失"两部分。后者是过去财务报告中没有提到过的企业权益的增加，体现了企业综合收益的理念。

（2）所有者权益的走向和结构

所有者权益变动表揭示了各项交易事项导致的所有者权益增减变动的来源和去向，以及所有者权益各组成部分增减变动的结构性信息，便于报表使用者全面了解企业所有者权益项目的变化情况。

（3）企业利润的分配形式

过去的财务报表需要通过利润分配表来单独说明净利润及其分配情况。增加了所有者权益变动表后，利润分配作为所有者权益变动的组成部分，无需单独设表列示，通过权益的变动就可以知道利润的来源和去向。

6.3 所有者权益变动表的填写

为了更好地说明所有者权益变动表，我们以某公司的案例来说明。以下是某公司2017年度假设的经济业务：

 案例 1

① 假设某公司2017年度的本年利润为120万元。

② 假设本年度内提取盈余公积12万元（按10%计提），支付现金股利15万元，会计分录如下：

计提盈余公积：
借：利润分配——提取盈余公积　　120000元
　贷：盈余公积　　　　　　　　　120000元

支付现金股利：
借：利润分配——应付股利　　　　150000元
　贷：应付股利　　　　　　　　　150000元

③ 假设补提上年坏账准备5万元，会计分录如下：

补提上年坏账准备：
借：以前年度损益调整　　　　　　50000元
　贷：坏账准备　　　　　　　　　50000元

调整应缴所得税：
借：应交税费——应缴所得税　　　12500元
　贷：以前年度损益调整　　　　　12500元

调整利润分配：
借：利润分配——未分配利润　　　37500元
　贷：以前年度损益调整　　　　　37500元

补提盈余公积：
借：盈余公积　　　　　　　　　　3750元
　贷：利润分配——未分配利润　　3750元

④ 假设资本公积转增资本200000元，会计分录如下：
借：资本公积　　　　　　　　　　200000元
　贷：股本　　　　　　　　　　　200000元

根据以上业务，可编制所有者权益变动表，如表6-1所列。

表6-1 所有者权益变动表

编制单位：某公司　　　　　　　　2017年度　　　　　　　　单位：元

项目	本年金额					
	股本	资本公积	减：库存股	盈余公积	未分配利润	所有者权益合计
一、上年年末余额	5000000	600000		200000	500000	6300000
加：会计政策变更						
前期差错更正				-3750	-33750	-37500
二、本年年初余额	5000000	600000		196250	466250	6262500
三、本年增减变动金额	200000	-200000		120000	930000	1050000
（一）净利润					1200000	1200000
（二）直接计入所有者权益的利得和损失						
1．可供出售金融资产公允价值变动净额						
2．权益法下被投资单位其他所有者权益变动的影响						
3．与计入所有者权益项目相关的所得税影响						
4．其他						
上述（一）和（二）小计						
（三）所有者投入和减少资本						
1.所有者投入资本						
2.股份支付计入所有者权益的金额						
3.其他						
（四）利润分配				120000	-270000	-150000
1．提取盈余公积				120000	-120000	
2．对所有者（或股东）的分配					-150000	-150000

续表

项目	本年金额					
	股本	资本公积	减：库存股	盈余公积	未分配利润	所有者权益合计
3．其他						
（五）所有者权益内部结转	200000	-200000				
1．资本公积转增资本（或股本）	200000	-200000				
2．盈余公积转增资本（或股本）						
3．盈余公积弥补亏损						
4．其他						
四、本年年末余额	5200000	400000		316250	1396250	7312500

单位负责人： 财务负责人： 制表人：

第7章

解读财务报表附注：财务报表的文字详述或明细资料

财务报表常常是以表格、图示的形式反映企业经营成果的，但很多内容又没有办法完全通过图表来表示，尤其是数据背后的内容，在图表中得不到完全呈现。因此，就需要通过财务报表附注来做进一步的解释。

7.1 财务报表附注的概述与内容

7.1.1 概述

财务报表附注是对资产负债表、利润表、现金流量表以及所有者权益变动表等报表中列示项目的文字描述或明细资料，以及对未能在这些报表中列示项目的补充说明。有了附注，报表使用者便可以更加全面更加系统地了解企业的财务状况、经营成果和现金流量，从而做出更科学合理的决策。

7.1.2 内容

财务报表附注（以下简称附注）的内容主要包括以下5个项目：

（1）企业一般状况

主要是企业概况、企业结构、经营范围等。

（2）企业会计政策说明

包括现行会计制度、计价基础、利润分配方式等。编制合并报表的企业，还要对其合并报表的编制方式予以说明；企业会计政策发生了变化，需要明确其变更对企业财务情况与经营的影响。

（3）会计报表主要项目附注

主要是报表项目详解，比如分析应收账款账龄、报表项目异常变化等。

（4）分行业资料

倘若企业经营涉及其他行业，并且行业收入不低于主营业务收入的10%，需要提供分行业的相关数据。

（5）重要事项揭示

主要是对承诺事项、资产负债表日后事项、关联方式交易等予以揭示。
财务报表附注的具体解释如表7-1所列。

表7-1 财务报表附注的具体解释

项目	具体内容
企业基本情况	企业应披露历史沿革、注册资本、法定代表人、治理结构与组织结构、所处行业、经营范围、主要业务板块情况等

续表

项目	具体内容
不符合会计核算前提的说明	
主要会计政策、会计估计的说明	企业应按照要求对如下会计政策、会计估计进行披露： （1）公司目前执行的会计准则和会计制度。纳入合并范围内的子公司与母公司执行的会计准则和会计制度不一致的，应披露子公司执行的会计准则和会计制度，并说明是否已按相关规定进行了调整。 （2）会计年度。企业设立不足一个会计年度的，应说明其会计报表实际编制期间；子公司如采用的会计年度与我国会计制度规定不符的，需说明是否进行调整。 （3）记账本位币。如果子公司的记账本位币与母公司不一致的，需详细说明。 （4）记账基础和计价原则。 （5）外币业务的核算方法及折算方法。说明外币业务的折算，汇兑损益的处理方法，以及外币报表折算差额的处理方法。 （6）现金及现金等价物的确定标准。 （7）短期投资。说明短期投资计价及其收益确认方法，短期投资跌价准备的确认标准、计提方法。 （8）应收款项。说明应收款项确认为坏账的标准，坏账损失的核算方法，坏账准备的计提方法和计提比例，以及应收款项转让、质押、贴现等会计处理方法。 （9）存货。说明存货的分类，取得和发出的计价方法，存货的盘存制度以及低值易耗品和包装物的摊销方法，存货跌价准备的确认标准、可变现净值的确定依据，减值准备计提方法。 （10）长期投资。说明长期股权投资计价及收益确认方法，长期股权投资的核算方法，股权投资差额的摊销方法和期限；长期债权投资计价及收益确认方法，债券投资溢价或折价的摊销方法；长期投资减值准备的确认标准、计提方法。 （11）委托贷款。说明委托贷款计价、利息确认方法，委托贷款减值准备的确认标准、计提方法，以及委托贷款的保全措施。 （12）固定资产。说明固定资产的标准、分类、计价方法和折旧方法，固定资产后续支出的会计处理方法，固定资产减值准备的确认标准、计提方法。 （13）在建工程。说明在建工程结转为固定资产的标准，在建工程减值准备的确认标准、计提方法。 （14）无形资产。说明无形资产的计价方法、摊销方法、摊销年限，无形资产减值准备的确认标准、计提方法。 （15）长期待摊费用。说明长期待摊费用的内容、摊销方法、摊销年限。 （16）应付债券。说明应付债券的计价及债券溢价或折价的摊销方法。

续表

项目	具体内容
主要会计政策、会计估计的说明	（17）借款费用。说明借款费用资本化与费用化的原则，资本化金额的确定方法。 （18）预计负债。说明预计负债确认标准和计量方法。 （19）递延收益。说明递延收益的内容和摊销方法。 （20）收入确认原则。说明各类收入的确认原则。 （21）建造合同。说明建造合同收入、支出的确认原则和会计处理方法。 （22）租赁。说明租赁的分类、经营租赁会计处理方法和融资租赁的会计处理方法。 （23）所得税的会计处理方法。说明所得税的会计处理方法，所得税汇算清缴的方式，合并纳税情况
会计政策、会计估计变更及会计差错的更正的说明	（1）会计政策、会计估计变更。应披露会计政策、会计估计变更的批准程序，变更的内容、理由和对企业财务状况、经营成果的影响金额，以及累积影响金额不能合理确定的理由。其中对减值准备、固定资产折旧等重要会计政策和会计估计的变更情况应详细披露。 （2）会计差错更正。应逐笔披露重大会计差错更正的内容、金额，以及形成差错的原因
或有事项的说明	凡涉及或有事项，应按或有事项准则规定披露，并符合以下要求 （1）按集团内、集团外分列示担保项目。 （2）说明本年度涉及起诉案件情况。 （3）或有负债预计产生的财务影响，如无法估计，应说明理由。 （4）或有负债获得补偿的可能性
资产负债表日后事项的说明	应说明资产负债表日后股票和债券的发行、对某个企业的巨额投资、自然灾害导致的资产损失以及外汇汇率发生较大变动等非调整事项的内容，估计对财务状况，经营成果的影响。如无法做出估计，应说明其原因
关联方关系及其交易	（1）在存在控制关系的情况下，关联方如为企业时，不论它们之间有无交易，都应说明如下事项： 1）企业经济性质或类型、名称、法定代表人、注册地、注册资本及其变化； 2）企业的主营业务； 3）所持股份或权益及其变化。 （2）在企业与关联方发生交易的情况下，企业应说明关联方关系的性质、交易类型及其交易要素，这些要素一般包括： 1）交易的金额或相应比例；

续表

项目	具体内容
关联方关系及其交易	2）未结算项目的金额或相应比例； 3）定价政策（包括没有金额或只有象征性金额的交易）。 （3）关联方交易应分别对关联方以及交易类型予以说明，类型相同的关联方交易，在不影响会计报表使用者正确理解的情况下可以合并说明。 （4）对于关联方交易价格的确定，如果高于或低于一般交易价格的，应说明其价格的公允性
重要资产转让及其出售的说明	报告期内发生资产置换、转让及出售行为的企业，应专项披露资产置换的详细情况，包括资产账面价值、转让金额、转让原因以及对企业财务状况、经营成果的影响等
企业合并，分立等重组事项说明	应披露本年度企业新设、收购、兼并、破产、转让等重大资产重组事项
合并会计报表的编制方法	
会计报表项目注释	包括货币资金、短期投资、应收票据、应收款项、预付账款、存货、长期投资、固定资产、在建工程、无形资产、其他长期资产、短期借款、应付款项、应交税金、预计负债、长期借款、应付债券、未确认投资损失、主营业务收入与成本、其他业务利润、财务费用、投资收益、补贴收入、营业外收支等共计30多个项目，均逐一规定了其数据填列格式和内容，要求针对所有具体的报表项目的期初、期末、比例等做出注释
母公司主要会计报表项目注释	对已编制合并会计报表的企业，在会计报表附注中，除对合并报表项目注释外，还应当对母公司报表的主要项目注释。按照以下要求披露： （1）母公司报表主要项目包括长期投资、主营业务收入和主营业务成本、投资收益、所得税等项目，应参照上述相应项目的要求加以注释。 （2）母公司从子公司分取的红利情况。 （3）子公司向母公司上交管理费情况。 （4）母公司向子公司的补贴情况
非货币性交易和债务重组的说明	非货币性交易、债务重组应按非货币性交易及债务重组准则规定披露
会计报表的批准	说明年度会计报表经公司董事会（总经理办公会）或类似机构批准的情况

7.2 财务报表附注的形式和作用

7.2.1 形式

附注有很多种编制形式,应根据企业的实际情况选择适合的方法。

(1)尾注说明

尾注说明是附注的主要编制形式,适用于说明内容较多的项目。一般会在报表之外,另行文本,详细说明涉及企业财务的方方面面的信息和细节。

(2)脚注说明

附注说明位于报表的下端。例如对已贴现的商业承兑汇票和已包括在固定资产原价内的融资租入固定资产原价等进行说明,便于阅表者全面理解企业固定资产的内涵。这些内容不是会计报表所要说明的,属于附注性质的信息披露。

(3)备抵附加账户

即在会计报表中单独列示,能够为会计报表使用者提供更多有意义的信息,主要是针对坏账准备等账户而设置的。

(4)补充说明

有些无法列入会计报表主体的详细数据、分析资料,可用单独的补充报表进行说明。例如,可利用补充报表的形式来揭示关联方的关系和交易等内容。

(5)括弧说明

这种形式更直观,直接把对应的补充信息纳入会计报表主体,不易被人忽视,但它包含的信息内容过短过少。

7.2.2 作用

财务报表附注是要通过这样一张表向报表使用者传达一些重要信息,这些信息对报表使用者具有一定的参考性,便于报表使用者弄懂会计报表的内涵。当然,附注不能穷尽企业的所有信息,它只是对与财务报表的关联事项做一些阐述。

（1）说明了企业的基本情况

包括企业概况、经营范围以及主要经营业务等。报告使用者若与企业合作，必须做到知己知彼。如同一场战斗，要想取胜，必须摸清敌方的情况，然后才能决定采取什么战术。投资者、供应商、金融机构等也是如此，在决定合作前，须通过财务报表及附注去更加全面地了解企业情况。

（2）说明了企业的会计政策

一样的会计原始资料，使用不同的会计政策，会得出不同的经营成果，编出不同财务数据的会计报表来。如果不对会计政策加以说明，财务报表就可能淹没在烟雾弹中，数据也就失去了意义。附注对会计政策做了说明，无疑是拨开云雾见天日，经营的事实真相才能水落石出。

（3）说明了企业的项目明细

在分析财务报表时，有时难免会遇到一些反常现象。这些现象从报表上无法得到圆满的诠释，却可以在附注中找到答案。比如，当预收账款的余额较高时，就可以去附注找答案，可能是企业将应计收入的款项计进了预收账款。

（4）说明了企业的重要事项

有些企业潜在的风险以及或有负债等，在当期还没浮出水面，报表上未反映，阅表者就无法判断企业的前景。比如企业给别人做了担保，被担保人即将陷入债务危机；企业某项合同正在履行，但已暴露难以实施的端倪。这样的风险暂时尚未惊动企业，但已势不可当。阅表者通过附注可以了解到这些内容，否则会被蒙在鼓里。

7.2.3 蕴含的信息

财务报表附注以不同于财务报表的形式向财报使用者提供企业的信息，让企业财务人员及其相关管理人员对企业有一个更详尽的了解。因此，财务报表附注所蕴含的信息量非常大，可有效地弥补财务报表的不足。

（1）弥补了数据过多而文本不足的形式

只要提到财务报表，几乎所有人想到的，都是密密麻麻永远也理不清头绪的数据。而附注一改数据满天飞的现象，以文本的形式介绍企业的情况、会计政策、行业资料以及重要事项揭示等，不再以货币计量的方式反映问题。

案例 1

优至公司是经×××市场监督管理局批准成立的企业，社会统一代码为×××，注册资金××万元，法人代表×××，本公司经营范围：财税筹划，管理咨询，公益活动，文本编著，企业策划等。

显然，以上文字与数据无关，是对企业的基本情况作说明，便于财报使用者了解企业。

（2）弥补了会计要素一统报表的不足

财务报表的编制必须符合会计要素的定义，每张报表都围绕着资产、负债、所有者权益、收入、费用、利润这六个方面进行编制。附注不必如此，想怎么说就怎么说，只要是企业的信息，哪怕不是会计事项，如产品质量、技术研发、营销突破等，只要是有利于财报使用者的信息，都可以在这里披露。

案例 2

甲公司今年与某大学进行合作，向学校投入50万元资金，进行铝碳化硅复合材料的中试工艺研发，计划2019年将投入试生产，预计能给甲公司带来相当不错的经济效益，届时该公司年产值可以增加××万元，利税增加××万元。

这段文字是对企业的展望，并未涉及会计要素。但这个信息能给投资者带来希望，激发其投资欲。

（3）弥补了数据苦涩杂乱难懂的不足

编制财务报表的目的，是要给财报使用者传递企业信息。财报使用者未必都懂财务，在面对一望无际的报表数据时，往往会显得茫然不知所从，只好请会计人员帮助解读。有了附注，财报使用者自己也能了解一些重要信息。

案例 3

某公司坏账损失的核算方法及坏账准备的计提方法和计提比例如下：

本公司采用备抵法核算坏账损失，账龄1年以内不计提坏账准备；账龄1~3年计提比例10%；账龄3~5年计提比例50%；账龄5年以上计提比例100%；对于有证据证明确实无法收回的应收款项，采用个别认定法计提坏账准备。

有了这样的附注，无论会计人员还是其他财报使用者，都会很容易理解该公司的坏账损失是怎么得来的。

（4）弥补了会计信息不可比性的不足

企业与企业之间，如果简单地拿双方的报表数据去作比较收入或利润等，显然是不可取的。同样的收入或利润，却可能反映着不同的企业状况。但通过附注揭示企业的会计政策，可以使不同行业或企业的会计信息具有一定的可比性。

案例 4

甲公司与乙公司都是从事建材加工的企业。甲公司和乙公司2013年的净利润都是100万元，看上去两家企业的效益似乎差不多。但是，两家公司采取的折旧计提方法却是不同的。甲公司采用平均年限法，当年计提累计折旧240万元；乙公司采用加速折旧法，当年计提累计折旧320万元。如果两家公司固定资产原值相同的话，那么乙公司的折旧成本多提了80万元。乙公司若剔除多提的折旧，其利润应为180万元，显然效益比甲公司好。

财务报表附注专注于提高会计信息的相关性和可靠性，这是财报两个基本质量特征。由于财务本身的局限，相关性和可靠性犹如鱼与熊掌，很多时候不可兼得。但是，财务报表附注披露可以在不降低会计信息可靠性的前提下提高信息的相关性。如或有事项的处理，可以在附注中进行披露，揭示或有事项的类型和影响，提高信息的相关性。

同时，财务报表附注也专注于提高不同行业和企业之间信息的可比性。会计信息是由多种因素综合促成的，不同行业的不同特点以及企业前后各期情况的变化，都会降低不同企业之间会计信息的可比性以及企业前后各期会计信息的一贯性。财务报表附注可以通过披露企业的会计政策和会计估计的变更等情况，向投资者传递相关信息，使投资者不被会计方法误导。

（5）专注于对财务报表进行有效补充

财务报表是根，附注是枝。没有主表的存在，附注就失去了依靠；没有附注恰当的补充，财务报表的功能就难以有效地实现。

7.3 财务报表附注与财务报告说明书的比较

财务报告说明书是对企业一定会计期间内生产经营、资金周转、利润实现及分配等情况的综合性分析报告，是年度财务会计报告的重要组成部分。各单位对本年度的经营成果、财务状况及决算工作等，以年度预算指标、财务指标和相关统计指标为主要依据，运用趋势分析、比率分析和因素分析等方法进行横向、纵向的比较、评价和剖析，以反映企业在经营过程中的财务状况、发展趋势和存在的问题，促进企业的经营管理和业务发展；同时便于财报使用者了解企业生产经营和财务活动情况，考核评价经营业绩。

7.3.1 财务报告说明书的内容

财务报告说明书主要包括以下内容：

（1）企业生产经营的基本情况

包括企业主营业务范围和附属业务，纳入年度会计报表合并范围内的企业数量、级次和在各业务板块的分布情况；企业职工人数；营业范围的调整情况；未纳入合并的原因；主要财务指标及变化情况；固定资产投资情况等。

（2）利润实现、分配及亏损情况

包括主营收入的增减额及其影响因素；成本费用变动的因素；其他收入、支出的增减变化情况；利润分配情况。

（3）资产、负债变动情况

包括各项资产所占比重，预付账款、应收账款、其他应收款、存货、长期投资的变化及增减原因分析；资产损失情况；流动负债与长期负债的比重，长期借款、短期借款、预收账款、应付账款、其他应付款的增减及原因；企业偿还债务的能力和财务风险状况；应付账款和其他应付款金额及未付原因；逾期借款本金和未还利息情况。

（4）现金流量情况

分析经营活动、投资活动、筹资活动产生的现金流量变动情况及其原因，和对本年度现金流产生重大影响的事项。

（5）企业科技投入、环境保护、节能减排支出和实施效果情况

（6）企业外部经营环境分析

包括对企业财务、经营有重大影响的其他事项；国家产业政策、财税政策、金融政策对企业经营的影响及效果。

（7）企业在加强财务管理方面采取的主要措施及取得的成效

7.3.2　与财务报告说明书的比较

财务情况说明书披露信息很灵活，内容比较广，和财务报表附注有相似之处，也有不同。

首先，两者都可以披露会计信息和与会计密切相关的非会计信息，如企业经营的行业、主要业务范围等；其次，两者都可以进行适当分析，如都有其他重要事项的说明，才能分析和预测将来；最后，比起财务报表披露的内容，两者披露的内容多且灵活。

然而，尽管财务情况说明书和财务报表附注都是企业财务信息披露的重要方式和了解财务信息的重要途径，但是两者有所侧重。财务报表附注的重点是对企业资产负债表和利润表情况的补充说明，而财务情况说明书是对整个财务报表的分析。

第 8 章

财务报表分析方法

财务报表分析是以财务报表和其他资料为依据和起点,采用专门方法来分析和评价企业的过去和现在的经营成果、财务状况及其变动。这些专门的方法有哪些呢?最常用的有比较分析法、结构分析法、趋势分析法、比率分析法、假设分析法、因素分析法和回归分析法等几种,本章将对其进行详细阐述。

8.1 财务报表分析的主要参照

要想做好分析,就一定要有所参照。我们常会听人说,这家企业好,那家企业不好。这就是拿那家企业做了这家企业的参照。做财报分析时,也必须找到参照物。参照的目的在于:一是有了参照才能看出与别人的差距;二是有了参照才能看出企业的发展趋势;三是有了参照财报使用者才能研究对策;四是有了参照企业才能对症下药加强管理。

(1)以历史作参照

在通过财务报表分析一个企业的成长过程时,往往会拿历史数据作为标准。所谓历史标准,是指本企业过去某一时期(如上年或上年同期)该指标的实际值。以历史数据做参照,即与企业的过去做比较,如与去年同期相比,与历史上最好水平相比。这样的比较能够非常直观地看出企业现在和过去的差距,是增长还是减少?哪些指标增长,哪些指标减少?增减的原因是什么?如表8-1所列。

表8-1 某公司主要财务指标比较

财务指标	2016年度(万元)	2017年度(万元)	增长率
营业收入	2400.00	4300.00	79.17%
营业成本	1800.00	3200.00	77.78%
销售费用	300.00	500.00	66.67%
管理费用	130.00	280.00	115.38%
财务费用	50.00	110.00	120.00%
利润总额	120.00	210.00	75.00%

通过与历史数据比较,我们可以很直观地看出该公司2017年度各项财务指标的增长情况,也能准确判断出该公司2017年经营业绩红红火火。如果没有比较,单看公司2017年的报表,会觉得业绩不错。但是,比起过去,到底是增长还是下滑,无法说清。

以历史标准作参照,可以选择本企业历史最好的水平,也可以选择企业正常经营条件下的业绩水平,或者是连续多年的平均水平。

(2)以同行作参照

为什么要以同行作参照呢?因为与同行对比,最容易发现企业的优劣之处。财务报表分析时用到的行业标准,可以是行业财务状况的平均水平,也可以是同行业中先进企业的业绩水平。要全面地评价一个企业的竞争力水平,就需要参照行业标准。

以生产保温板的丙公司和丁公司为例,我们来比较一下这两家公司,如表8-2所列。

表8-2 比较丙公司与丁公司在2017年度的财务指标

财务指标	丙公司	丁公司	增长率
营业收入(万元)	3679.48	5178.25	40.73%
营业成本(万元)	2418.37	3754.80	55.26%
销售费用(万元)	419.76	678.39	61.61%
管理费用(万元)	278.36	349.87	25.69%
财务费用(万元)	101.48	219.54	116.34%
利润总额(万元)	461.51	175.65	-61.94%

从这张表中我们可以看出,丁公司的经营业绩和规模都好于丙公司,说明丁公司的生产及营销能力比较强。但是,丁公司与丙公司相比,营业成本增长率和销售费用增长率明显高于营业收入增长率,说明丁公司在成本费用的管控方面不如丙公司。另外,丁公司财务费用的增长率也很高,说明丁公司资金周转不灵,可能存在较高的融资额。

因为同行之间产品结构和生产流程以及工艺技术等方面相同,所以具有可比性,便于找出两者的差距,进而找到管理的不足。缺点在于除了上市公司外,一般企业的财务报表不对外公示,获取同行的财务数据有一定难度。

(3)以目标作参照

我们经常会听到一些老板说,我们争取两年上新三板,五年上主板。显然,上市是这些老板的目标。还有老板说,我们要在十年内赶超马云、王健林或者柳传志,那么阿里巴巴、万达、联想集团可能就是他的目标。树立了目标,就向这个目标奋进。每年报表出来了,老板会问,今年完成多少利润?实现多少产值?离上市还差多远?

不过,一般企业在设立目标时,都讲究一定的标准。并不是所有的高大上企业都可以拿来作为目标。所谓目标标准,就是企业实现其宗旨所要达到的预期成果。目标是企业发展的终极方向,是指引企业航向的灯塔,是激励企业员工不断前行的精神动力。不切实际、好高骛远的目标不但没有可行性,反而会给企业带来伤害。

案例 1

甲公司在2017年度之初，便确定将同为生产建材的乙公司作为自己追赶的目标。到了2017年底，甲公司与乙公司进行对比，发现两家还有些差距。具体如表8-3所列。

表8-3　2017年度乙公司与甲公司财务指标比较　　单位：万元

财务指标	乙公司 2017年度实际	甲公司 2017年度实际	增减额
营业收入	5265.28	3679.48	1585.80
营业成本	3698.24	2418.37	1279.87
销售费用	510.32	419.76	90.56
管理费用	431.29	278.36	152.93
财务费用	148.25	101.48	46.77
利润总额	477.18	461.51	15.67

通过与目标企业乙公司比较，甲公司发现自己在产销规模上和目标企业还存在差距，但利润指标已经接近。如果在生产和营销能力上下功夫，或许一两年就能实现目标。这种比较，当接近或实现目标时，往往能给企业带来一股强劲的动力。

以目标做参照，关键是要选好目标。目标太大，高攀不了，难以实现。目标太小，触手可及，没有价值。选中的目标必须是经过努力后有可能超过的企业，目标企业在行业内应该有不错的口碑，有科学的管理，有一定的贡献，这样的企业才具备成为目标的条件。

（4）以经验作参照

所谓经验标准，是依据大量而且长期的实践经验而形成的标准。对于一些资深的职场人士来说，他们往往都积累了丰富的管理经验，谈及本企业的数据如数家珍。当企业的某些财务数据出现异常时，他们能敏锐地感觉到出了问题。我们仍通过事例来说明，某公司财务指标与经验值的比较如表8-4所列。

表8-4 某公司财务指标与经验值的比较

财务指标	经验值	2017年度	增减率
销售成本率	70.00%	74.42%	6.31%
销售费用率	10.00%	11.63%	16.28%
销售利润率	10.00%	4.88%	-51.16%

该公司是从事建设工程的企业，做了若干工程，掌握了较多的施工和管理经验。多年的工作经验告诉企业，销售成本率、销售费用率和销售利润率一般在70%、10%、10%左右。2017年度该公司的几项指标与经验值相差不大，说明把控得不错。但销售利润率却降低了，问题出在哪儿呢？这与营业成本和销售费用的关系不大，主要是管理费用和财务费用等方面可能管得不到位。

对于经验丰富的管理者来说，以经验值做参照，可以将经验渗透在经营过程中，凭借经验去管理，更有力度。但随着社会的进步经济的发展，尤其在互联网时代，很多事物都发生了变化，有些经验在当下可能会失去意义，不具有参照性和可比性。管理者应审时度势，及时调整经验值的变化因素，让经验与时俱进，起到真正的对比作用。

（5）以预算作参照

马英九的家训中有这样两句话："有原则不乱，有计划不忙，有预算不穷。"和"此生理想，近期计划，今日功课。"这是其父马鹤凌先生所立。这份家训不只适用于家庭，对企业也同样具有借鉴作用。

"有预算不穷"，企业也是如此，在年度之初或上年度末，就要编制年度预算，作为新年度生产经营的指导性文件。所谓预算标准，是指实行预算管理的企业所制定的预算指标。编制预算一般根据企业上年度的生产经营情况，结合企业新年度将要面临的形势，综合多方面因素进行编制。预算公布后，企业在年中或年底都要与预算进行对比，检查预算的执行情况和存在的问题，并及时采取措施，某建材公司2017年度各指标与预算的比较如表8-5所列。

表8-5 某建材公司2017年度各指标与预算的比较　　　　单位：万元

财务指标	2017年度预算	2017年度实际	增减率
营业收入	4000.00	3679.48	-8.01%
营业成本	2800.00	2418.37	-13.63%

续表

财务指标	2017年度预算	2017年度实际	增减率
销售费用	400.00	419.76	4.94%
管理费用	300.00	278.36	−7.21%
财务费用	100.00	101.48	1.48%
利润总额	400.00	461.51	15.38%

从上表可以看出，该公司的预算情况执行得并不好，除了利润指标外，其他各项指标均未能实现预算。究其原因，最主要的还是营业收入未能实现预算目标。该公司经过细致分析，认为造成营业收入降低的原因是，国家对房地产行业加强管理和调控，房地产开发暂时处于缓慢低谷状态，导致建材需求减少，也使得该公司的保温板销售受到了影响。

有了参照，财务分析更容易得出结论。就如同在茫茫大海里，有了航标，你才知道船到了哪里。如果没有航标，你会迷失方向。这些参照物，就是财务分析时的航标。

8.2 财务报表分析的基本方法

财务分析方法是指企业在完成经济业务后，对经济业务活动的经济性作出分析判断，发现问题，寻找对策，促进以后的经济业务活动做到更加经济合理、更能提升效率的一种技术处理方法。财务分析处理的方法有很多，以下列举几种常见的财务报表分析方法。

8.2.1 比较分析法

比较分析法是最常见的分析法。它是指通过两个或两个以上相关经济指标的对比，确认指标差异，再对差异或趋势进行分析的一种分析方法。比较的基本表达方式一般有三种，即绝对额比较、百分数比较和比率比较。通过比较，发现差距，确定差异的方向、性质和大小，找出原因及影响程度，便于公司改善经营。通过对实际达到的结果与同类指标历史数据相比较，确定企业的财务状况、经营状况和现金流量的变化趋势和规律，揭示企业的发展潜力，为企业的财务决策提供依据。

在检查计划或定额的完成情况时，也可以通过本企业本期实际指标与计划或定额指标相比较来分析；在考察企业经济活动的变动情况和变动趋势时，可通过本期实际指标与以前各期同类指标进行比较来分析；在确定本企业在国内外同行业中所处的水平时，可通过本企业实际指标与国内外同行业先进指标或同行业平均指标进行比较。

按比较对象不同，比较分析可分为3种方式，如图8-1所示。

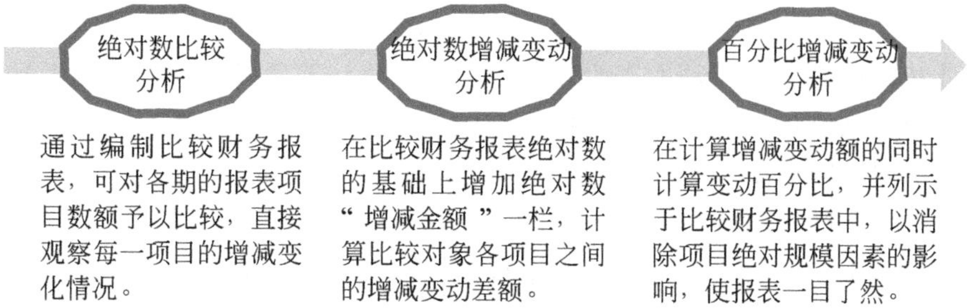

绝对数比较分析
通过编制比较财务报表，可对各期的报表项目数额予以比较，直接观察每一项目的增减变化情况。

绝对数增减变动分析
在比较财务报表绝对数的基础上增加绝对数"增减金额"一栏，计算比较对象各项目之间的增减变动差额。

百分比增减变动分析
在计算增减变动额的同时计算变动百分比，并列示于比较财务报表中，以消除项目绝对规模因素的影响，使报表一目了然。

图8-1 根据比较对象不同的分类

按比较标准不同，也可分为3种形式，如图8-2所示。

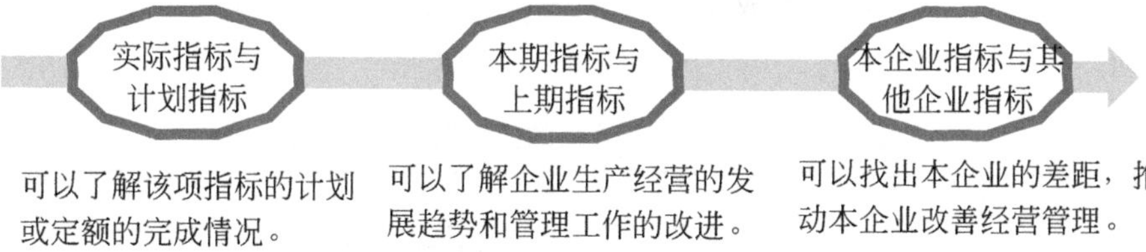

实际指标与计划指标
可以了解该项指标的计划或定额的完成情况。

本期指标与上期指标
可以了解企业生产经营的发展趋势和管理工作的改进。

本企业指标与其他企业指标
可以找出本企业的差距，推动本企业改善经营管理。

图8-2 根据比较标准不同的分类

前面介绍的财务分析的各种参照，所采用的都是比较分析法。以某公司为例，具体如表8-6所列。

表8-6 某公司财务指标比较

财务指标	2016年度（万元）	2017年度（万元）	增减金额（万元）	增减率
营业收入	2400.00	4300.00	1900.00	79.17%
营业成本	1800.00	3200.00	1400.00	77.78%
销售费用	300.00	500.00	200.00	66.67%
管理费用	130.00	280.00	150.00	115.38%
财务费用	50.00	110.00	60.00	120.00%
利润总额	120.00	210.00	90.00	75.00%

此表便是通过比较分析法，可以清晰明了地看出，该公司的各项指标都有了增加，各项指标增长率均超过了60%。

8.2.2 结构分析法

结构分析法是指对经济系统中各组成部分及其对比关系变动规律的分析。

结构指标（%）=总体中某一部分÷总体总量×100%

财务报表项目的结构分析法是在财务报表比较的基础上发展而来的。它是以财务报表中的某个总体指标作为100%，再计算出其各组成项目占该总体指标的百分比，从而来比较各个项目百分比的增减变动，以此来判断有关财务活动的变化趋势。结构分析法既可用于同一企业不同时期财务状况的纵向比较，又可用于不同企业之间的横向比较。

简单的比较分析法仅显示了企业的表象，同一行业不同公司之间的绝对数比较限定了对比的范围。而结构分析法在比较法的基础上，扩大了对比范围，运用结构分析做进一步比较。结构比率有助于揭示企业资源结构分布是否合理、生产布局的状况如何等问题，便于经营者进行调整，便于投资者长期决策。其计算公式为：

构成百分率=某个组成部分数额÷总体数额×100%，具体见表8-7所列。

表8-7　甲公司与乙公司的人力资源结构比较

人员构成	甲公司		乙公司		差异
	人数	结构	人数	结构	
研究生	41.00	2.99%	19.00	1.79%	1.20%
本科	177.00	12.91%	109.00	10.28%	2.63%
专科	378.00	27.57%	294.00	27.74%	−0.16%
高中	427.00	31.15%	364.00	34.34%	−3.19%
初中及以下	348.00	25.38%	274.00	25.85%	−0.47%
总人数	1371.00	100.00%	1060.00	100.00%	

通过上表的比较可以看出，甲公司研究生及本科生占员工总数的比重为15.90%，乙公司为12.07%。甲公司研究生及本科生学历比例较高，专科及以下学历比例则低于乙公司。通过结构分析，可以看出一些指标在整体中的分量，也可以解读这些指标的质量。

8.2.3 趋势分析法

趋势分析法又称水平分析法，是将两期或连续数期财务报告中相同指标进行对比，确定其增减变动的方向、数额和幅度，以说明企业财务状况和经营成果的变动趋势的一种方法。

财务分析中最常见的两种比较分析法为财务报表的比较和财务指标的比较。

（1）比较财务报表

将连续数期的会计报表的金额并列起来，比较其相同指标的增减变动金额和幅度，据以判断企业财务状况和经营成果发展变化。会计报表的比较，具体包括资产负债表比较、利润表比较、现金流量表比较等。比较时，既要计算出表中有关项目增减变动的绝对额，又要计算出其增减变动的百分比。

（2）比较财务指标

将不同时期财务报告中的相同指标或比率进行比较，直接观察其增减变动情况及变动幅度，考察其发展趋势，预测发展前景。对不同时期财务指标的比较，可以有两种方法，即定基动态比率和环比动态比率。

定基动态比率是以某一时期的数值为固定基期数值而计算出来的动态比率。

公式为：定基动态比率＝分析期数值÷固定基期数值×100%。

环比动态比率是以每一分析期的前期数值为基期数值而计算出来的动态比率。

公式为：环比动态比率＝分析期数值÷前期数值×100%。

趋势分析法应用得也很多，尤其是对企业的发展趋势进行研判时，更适合用此方法。

8.2.4 比率分析法

比率分析法是指利用财务报表中两项相关数值的比率揭示企业财务状况和经营成果的一种分析方法。根据分析的目的和要求的不同，比率分析有以下3种。

（1）构成比率

构成比率是某个经济指标的各个组成部分与总体的比率，反映部分与总体的关系。其计算公式为：

构成比率＝某个组成部分数额÷总体数额

利用构成比率，可以考察总体中某个项目或某一部分的形成和安排是否合理，以便协调各项财务活动。

（2）效率比率

效率比率是某项经济活动中所费与所得的比率，反映投入与产出的关系。利用效率比率指标，可以进行得失比较，考察经营成果，评价经济效益。

（3）相关比率

相关比率是根据经济活动中相互依存、相互联系的关系，以某个项目和与其相关但又不同的项目进行对比所得的比率，反映经济活动的相互关系。

比率分析法的优点是计算简便，结果容易判断，可以使某些指标在不同规模的企业之间进行比较，甚至也能在一定程度上超越行业间的差别进行比较。

采用这一方法时要注意的事项，即对比率指标的把握，如图8-3所示。

01 对比项目的相关性
计算比率的子项和母项必须具有相关性，不相关的项目进行对比没有意义。

02 对比口径的一致性
计算比率的子项和母项必须在计算时间、范围等方面保持口径一致。

03 衡量标准的科学性
运用比率分析，需要选用一定的标准与之对比，以便对企业的财务状况做出评价。

图8-3 采用比率分析法要注意的事项

8.2.5 假设分析法

假设分析法是指分析采取不同的策略方案可能会产生的结果，通过假设做出最佳的决策。比如，假设更改实际预测、生产计划和存货水准会有什么结果，再根据不同的结果选择一种最合适的方案。

假设分析是一种综合分析，主要是指针对结构质量不良的问题，在价值认识冲突假设意见众多的情况下，将各种假设汇集并创造性地综合，以最终认定问题的方法。

假设分析法是在比较财务报表分析的基础上确定某项指标的最高水平数值，然后假设在该项指标达到最高水平的情况下，企业的经营及财务状况将会发生什么变化。在这种情况下，其他影响因素又要达到什么水平才能较充分地发挥企业潜力。

假设分析过程通常具有以下特点。

① 把基本假设之外的各种冲突性假设作为分析起点，若基本假设之外

没有其他假设，那就没必要对比检验综合分析。一般来说，以问题创始人的假设为基本假设。

② 不论何种可能假设，在分析过程中始终运用同样的原始资料。因为假设间的冲突不是对资料呈现事实的冲突，而是对同一事实不同理解的冲突。

③ 在提出假设和综合分析的过程中，可以包含类别分析、原因分析和对比分析的过程和方法。

④ 以结构质量不良或处于宏观层次的复杂问题为假设分析的主要对象。对于结构质量优良，处于微观层次或没有现实争议的问题，则针对基本假设没有可能假设的提出，也就没有必要进行复杂的假设分析。

8.2.6 因素分析法

当我们发现某种差异，要了解形成差异的原因以及各种原因对差异形成的影响程度时，可以应用因素分析法进一步分析。

因素分析法，又称为连环替代法，是确定一些相互联系的因素对某个财务指标的影响程度，发现财务指标发生变动或差异的主要原因的分析方法。当有若干因素对分析对象产生影响时，假设其他各因素都无变化，按顺序测定每一个因素单独变化所产生的影响。

具体做法是，首先将分析对象即某综合性指标分解为各项构成因素；然后确定各项因素的排列顺序；再按确定的顺序对各项因素的基数进行计算；再按顺序以各项因素的实际数替换基数，计算替换后的结果，并将结果与前一次替换后的计算结果进行比较，计算出影响程度，直到替换完毕。最后计算各项因素影响程度之和，与该项综合性指标的差异总额进行对比，检查是否相符。

8.2.7 回归分析法

回归分析法是在掌握大量观察数据的基础上，利用数理统计方法建立因变量与自变量之间的回归关系函数表达式（称回归方程式）。回归分析法是依据事物发展变化的因果关系来预测事物未来的发展走势，它是研究变量间相互关系的一种定量预测方法，又称回归模型预测法或因果法，应用于经济预测、科技预测和企业人力资源的预测等。

财务报表分析中的回归分析法，是将某财务指标的数值与用作比较的标准财务指标（如业务量）表现在坐标中，寻找它与标准财务指标的关系式。

回归分析中，当研究的因果关系只涉及因变量和一个自变量时，叫做一元回归分析；当研究的因果关系涉及因变量和两个或两个以上自变量时，叫做多元回归分析。此外，回归分析中，又依据描述自变量与因变量之间因果关系的函数表达式是线性的还是非线性的，分为线性回归分析和非线性回归分析。通常线性回归分析法是最基本的分析方法，遇到非线性回归问题可以借助数学手段化为线性回归问题处理。

8.3 财务报表常用的分析指标

财务报表的分析指标有很多，视情而定，以符合财报分析的目的为重。具体分析指标可以归纳为三类，即绝对值指标、百分比指标和财务比率指标。

（1）绝对值指标

绝对值指标是指通过项目绝对值变化来说明问题的指标，如企业净资产、实现利润等指标。绝对值指标主要反映指标的增减变化。

（2）百分比指标

百分比指标反映项目绝对值增减变化的幅度或所占的比重，例如，固定资产增长率、流动资产率等指标。

（3）财务比率指标

比率指标一般揭示各项目之间的对比关系，例如，流动比率、经营安全系数等指标。通过不同指标之间的对比，揭示企业的经营水平。

8.4 财务报表分析的基本步骤

财务报表分析是通过收集、整理财务报告中的有关数据，结合其他有关补充信息，对企业的财务状况、经营成果和现金流量情况进行综合比较和评价，为财务报告使用者提供管理决策和控制依据的一项管理工作。财务报表分析不是一种固定程序的工作，不存在唯一的通用分析程序，而是一个研究和探索的过程。财务报表分析遵循的基本步骤如下。

（1）确立分析标准

确立分析标准首先要考虑两个问题：第一是站在何种立场进行分析；第二是以何种标准进行分析比较。财报使用者由于立场不同，因而分析的目的也有差异。对企业的财务报表进行比较时，必须树立一个客观的标准，并以此为标准来衡量财务报表中的有关资料，从而较为客观地确定企业的财务状况和经营成果。

（2）明确分析目标

财务报表分析的目标依据分析类型的不同而不同。信用分析的目标在于分析企业的偿债能力和支付能力；投资分析的目标在于分析投资的安全性和盈利性；经营决策分析的目标在于对企业产品、生产结构和发展战略进行重大调整；税务分析的目标在于分析企业的收支盈余进行纳税分析。

从分析的形式来说，有日常分析，主要分析实际完成情况及其与企业目标的偏离情况；有总结分析，即对企业当期的生产经营及财务状况进行全面分析；有预测分析，即弄清企业的发展前景；还有检查分析，即进行专题分析研究。

（3）编制分析方案

分析目标确定后，根据分析量的大小、分析问题的难易程度和分析人员的专业能力，结合分析组织机构的实际情况，制订出合理的分析方案。比如：是全面分析还是专题分析，是重点分析还是普遍分析，是协作进行还是分工负责，是多期分析还是单期分析等。然后列出分析的各项目，安排工作进度便于掌控时间，再确定分析的内容和标准等。

（4）搜集并分析财务数据

确定了分析方案后，根据分析任务来搜集整理分析所需的数据资料。会计信息只反映企业经济活动某一时期的结果，却不能反映经济活动发生和发展的整个过程。财务报表也只能部分地反映产生当前结果的原因，而不能全面揭示所要分析的问题。分析者要搜集相关资料信息，为分析提供充分的依据。信息搜集的内容一般包括：宏观经济形势信息；行业情况信息；企业内部数据，如企业产品市场占有率、销售政策、产品品种、有关预测数据等。信息搜集的渠道可通过资料、调研、相关会议等获取。

（5）辨析现状并预测未来

指根据分析目标和内容，评价所搜集的资料，寻找数据间依存的因果关系，联系企业的客观环境情况，解释形成现状的原因，暴露存在的问题，揭示经营失误，提出分析意见，探讨改进办法。在分析现状的基础上，通过一定的方法去预测企业在一段时期后可能取得的经营成果和成长规模等，为分析者进行正确决策提供能够辅佐的资料。

第9章

财务报表诊断与分析

方法是工具,分析才是目的,在掌握方法的基础上,如何将这些方法运用于实践才是关键。本章结合方法,全面介绍了资产负债表、利润表、现金流量表和所有者权益变动表的诊断和分析。

9.1 资产负债表诊断与分析

9.1.1 资产负债项目比重诊断

资产、负债及所有者权益是分别从两个不同方面反映同一经营活动的两种记录。所谓资产负债表项目比重分析,其实就是对资产负债表中的资产部分、负债部分,及所有者权益部分所占的比重进行计算,分析其变化规律,通过数据增减判断企业的盈利状况与盈利能力等。

为了更好地诊断与分析,我们先列举一组实例数据,然后以此为基础进行分析,表9-1所列是优至公司2016年底的一份资产负债表。

表9-1 优至公司2016年底资产负债表

编制单位:优至公司　　　　2016年12月31日　　　　　　单位:元

资产	年初数	年末数	负债及所有者权益	年初数	年末数
流动资产:			流动负债:		
货币资金	12483.58	45911.62	短期借款	20000.00	70000.00
短期投资			应付票据		
应收票据			应付账款	3548.84	6158.28
应收股利			预收账款		11248.37
应收利息			其他应付款		
应收账款	17928.85	26979.83	应付职工薪酬	11583.61	11583.61
预付账款	45000.00	45000.00	应付福利费		
应收补贴款			应付股利		
其他应收款	1025.47	1025.47	应交税金		
存货	3548.87	12587.81	其他未交款		
一年内到期的非流动资产			预计负债		
其他流动资产			一年内到期的非流动负债		
流动资产合计	79986.77	131504.73	其他流动负债		
长期投资:			流动负债合计	35132.45	98990.26
长期股权投资			长期负债:		
长期债权投资			长期借款		

续表

资产	年初数	年末数	负债及所有者权益	年初数	年末数
长期投资合计			应付债券		
固定资产：			长期应付款		
固定资产原价	60000.00	92155.84	专项应付款		
减：累计折旧	3200.00	8438.21	其他长期负债		
固定资产净值	56800.00	83717.63	长期负债合计		
减：固定资产减值准备			递延税项：		
工程物资			递延税款贷项		
在建工程			负债合计	35132.45	98990.26
固定资产清理					
固定资产合计	56800.00	83717.63	所有者权益：		
无形资产及其他资产：			实收资本	100000.00	100000.00
无形资产			资本公积		
长期待摊费用			盈余公积		1457.78
其他长期资产			其中：法定公益金		
无形资产及其他资产合计			未分配利润	1654.32	14774.32
递延税项：					
递延税款借项					
非流动资产合计	56800.00	83717.63	所有者权益合计	101654.32	116232.10
资产总计	136786.77	215222.36	负债及权益合计	136786.77	215222.36

单位负责人： 财务负责人： 制表人：

通过这张表可以清楚地看到资产、负债及所有者权益各个项目的数据。有了这些数据，我们便很容易地计算出各项目的比重。

(1) 资产项目诊断与分析

通过分析资产结构，能够了解企业的资产结构是否合理。资产一般包括流动资产和非流动资产。所谓流动性，是指将资产迅速转变为现金的能力，流动资产所占比重越大，表明资产的流动性越好，反之，非流动资产比重越大，资产的流动性越差。

表9-1中，优至公司的流动资产年末数为131504.73元，资产总额为

215222.36元,所占比重达到了61.10%。从这个数据来看,优至公司的资产流动性很好。

表9-1中,优至公司的非流动资产为83717.63元,非流动资产比重为38.9%。优至公司是管理咨询行业,投入的固定资产一般不会太多,因此,这也是非常合理的,一般而言,流动资产比重不能过低,否则会致使资产过多、剩余,得不到充分利用,不利于企业的发展。综上所述,该公司的流动资产与非流动资产的结构还是比较健康的。

> **流动资产、非流动资产比重计算公式**
> 流动资产比重是指流动资产与资产总额之比。计算公式为:
> 流动资产比重=流动资产总额÷资产总额×100%
> 同理,非流动资产比重是指非流动资产与资产总额之比。计算公式为:
> 非流动资产比重=非流动资产总额÷资产总额×100%

值得注意的是,并不是流动资产比重越高越好,流动资产过高会使企业的财务杠杆作用更加明显,风险大增。

(2)负债项目分析诊断与分析

为了判断企业负债的主要来源、偿还期限,进而揭示企业抵抗破产风险的能力和融资能力,需要对资产负债表中的负债项目比重进行分析。同理,负债也分为流动负债和非流动负债。

表9-1中显示,优至公司的流动负债年末数为98990.26元,负债总额也为98990.26元,流动资产的比重为100%。企业没有长期负债,全部为流动负债,负债偿还期比较快。

非流动负债占负债总额比重的高低说明企业借入资金成本的高低和筹措非流动负债成本的水平。企业在经营过程中借用外来长期资金的程度越高,企业偿债压力就越大。

> **流动负债、非流动负债比重计算公式**
> 流动负债比重是指流动负债与负债总额之比。计算公式为:
> 流动负债占负债总额的比重=流动负债÷负债总额×100%

> 非流动负债比重指非流动负债与负债总额之比。计算公式为：
>
> 非流动负债占负债总额的比重＝长期负债÷负债总额×100%

流动负债通常有金额低、利率低、期限短和到期必须偿还等特点，比重越大，代表着企业偿还债务的压力越大，对未来发展越不利。反之非流动性负债比重越大，债务压力越小。减轻流动性债务比重的办法就是加快资金周转速度，提高资金的使用效率。

值得注意的是，评价一个企业负债比重是否合理，不能单一地看流动债务与非流动债务的比重，还要看企业有无债务风险，同时要考虑企业资产的周转速度和流动性。

（3）资本项目

资本结构有三种类型，即：保守型资本结构、适中型资本结构和风险型资本结构。如表9-2所列。

表9-2　资本结构类型表

资本结构类型	资本结构	主要特点
保守型	权益资本占比高	财务风险较小，资本成本高；融资方式更多使用权益融资；负债以中长期债务为主
适中型	权益资本与债务资本占比适中	流动负债解决流动资金需求，权益资金或者长期负债支持长期资金需求
风险型	债务资本占比高	资本成本低，风险高；权益资金较少，负债比率较高，使用流动负债支持长期资金需求

了解企业的资本结构，便于财报使用者了解企业的财务风险。当权益资本占比较高时，企业风险就小；当债务资本占比较高时，企业风险就大。至于采用什么样的资本结构，取决于企业的经营策略、管理当局的意志，以及企业的经营状况。

（4）自有资金负债率诊断与分析

自有资金负债率反映的是负债总额与企业资本总额即所有者权益的比例关系，也称为投资安全系数，用于衡量投资者对偿还债务的保障程度和评估债权人向企业投资的安全程度。其计算公式为：

自有资金负债率=负债总额÷所有者权益×100%

表9-1中,优至公司的负债总额为98990.26元,所有者权益总额为116232.10元,那么自有资金负债率为85.17%。

一般来讲,企业自有资金负债率越高,债权人的保障程度越低。由于债权人不能得到保障,企业想再获得贷款的机会就小。

9.1.2 资产负债项目变动情况分析

在学习了资产负债表项目诊断之后,接下来就是对其进行分析,即不仅要看懂,而且还要会灵活运用,以为进一步财报分析奠定基础,更好地指导工作实践。

(1)资产类项目变动情况分析

资产负债表显示的是企业资产,代表了一个企业的投资规模,资产越多表明企业可以用来赚取收益的资源越多,以及可以用来偿还债务的财产越多。

1)货币资金变动情况分析

"货币资金"是资产负债表中不可或缺的一栏,这一项目反映着企业库存现金、银行存款和其他货币资金的期末余额。在企业经营过程中,这一项目常常会发生变动,且每一次变动都深深影响着企业的发展。

一般来讲,企业货币资金在以下两种情况下变化较大,如图9-1所示。

当企业销售产品或提供劳务时,随着销售规模的变化,货币资金必然会发生相应变动;再加上企业应收账款采取的是以现销为主,那么资金就会迅速收回。

当企业做某项投资决策时拥有足够资金,企业选择对外投资,购置原材料、技术、设备时,都会支付欠款,这是必然有货币资金变动。

图9-1 企业货币资金变动的两种情况

货币资金的变动势必对企业造成一定的影响,那么具体有什么影响呢?其实,变动得太多或太少的都有不利影响。企业持有货币资金是满足经营、预防和投机所需。当企业持有太多货币资金时,反而降低了企业的获利能力;当持有太少货币资金时,又不能满足各种需要,因此可能降低企业的短期偿债能力。

2)短期投资变动情况分析

短期投资是企业用活闲余资金的一种策略,在企业拥有的货币资金过多时，存在银行又不太划算，就可以用部分资金做短期投资，如买股票、国库券之类的有价证券，以获取更高的收益。

但短期投资如果变动太大，会引发企业经营风险。根据我国现行会计制度规定，企业短期投资应按照取得的投资成本入账。企业应当定期或者至少于每年年末对短期投资进行全面检查，并根据谨慎性原则，合理预计各项短期投资可能发生的损失。

因此，当企业现金剩余时，可以选择短期投资，如流动性强的股票、债券、国库券等，当现金不足的时候就不可随意走短期投资。毕竟短期投资不具备控股的能力，且有些短期投资具有投机性，风险很大。

3）应收款项变动情况分析

应收款项包括应收账款和其他应收款，反映在资产负债表里就是"应收账款"和"其他应收款"科目的设置。应收账款科目反映的是企业尚未收回的应收账款净额；其他应收款科目反映尚未收回的其他应收款净额。

这个项目的增加或减少直接影响着企业的经济效益，一般来讲，应收账款增加，说明企业的经济效益较好，反之较差。应收账款是指企业在正常的经营过程中因销售商品、产品、提供劳务等业务，应向购买单位收取的款项。

因此，如果应收款项有所变动，一般可考虑是以下3种情况所致，如图9-2所示。

扩大销售量

为扩大销售放宽了信用标准

客户及时付款

图9-2 应收款项变动的3种情况

同理，当应收账款减少时候，原因则恰恰相反，可能是销售规模缩减，或是企业赊销政策改变，或是客户还款不及时。

在其他条件不变时，由于销售规模的增加或减少，带来应收账款的相应增加或减少，这种变动是一种正常现象。

4）存货变动情况分析

存货反映企业期末在库、在途和正在加工的各项存货的实际成本。"存货跌价准备”科目反映计提的存货跌价准备。“存货”科目减去“存货跌价准备”科目的余额为存货净额，存货净额反映了存货的可变现净值。

存货在企业流动资产中占有重要的份额，是企业生产经营活动的物质条件。存货发生变动，不只对资产产生影响，对生产经营也会产生影响。所以，对存货变动情况进行分析，可以从以下3个方面入手，如图9-3所示。

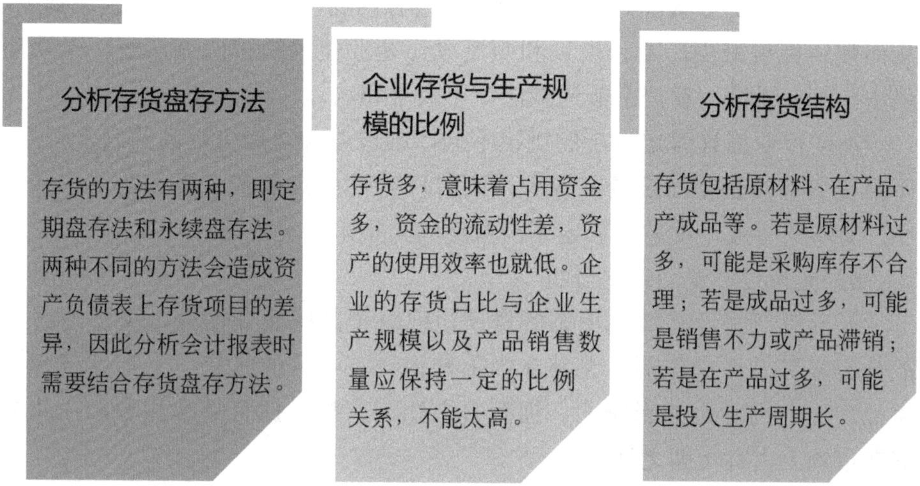

分析存货盘存方法
存货的方法有两种，即定期盘存法和永续盘存法。两种不同的方法会造成资产负债表上存货项目的差异，因此分析会计报表时需要结合存货盘存方法。
企业存货与生产规模的比例
存货多，意味着占用资金多，资金的流动性差，资产的使用效率也就低。企业的存货占比与企业生产规模以及产品销售数量应保持一定的比例关系，不能太高。
分析存货结构
存货包括原材料、在产品、产成品等。若是原材料过多，可能是采购库存不合理；若是成品过多，可能是销售不力或产品滞销；若是在产品过多，可能是投入生产周期长。

图9-3　分析存货变动的3个方面

5）固定资产变动情况分析

在资产负债表里，固定资产原价反映企业拥有的固定资产，累计折旧反映固定资产的价值损耗，固定资产净值反映固定资产的新旧程度。三个指标分别反映了固定资产的原始价值、转移价值和折余价值，如图9-4所示。

固定资产的三个指标
原价
原始价值
累计折旧
转移价值
净值
折余价值

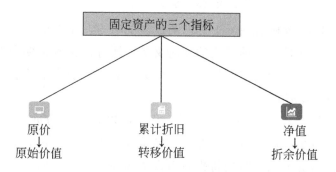

图9-4　固定资产的三个指标

固定资产变动反映企业生产能力的变动。企业更换或添置固定资产，反映了企业在更新生产能力，即原有的生产能力已不能满足生产的需要，企业需要适应新的发展形势，通过增加或更新固定资产来满足企业生产的需要。

固定资产折旧政策影响企业利润。企业每年要提取一定比例的折旧费来冲减固定资产的价值，从而减少企业的资产规模。折旧影响利润的大小，多提或少提折旧会影响企业的经营成果。而不同的折旧政策会影响企业资产、净资产等财务状况。折旧还会涉及税务问题，多提折旧会使利润减少，从而使所得税减少。会计准则和制度允许企业使用的折旧方法有：平均年限法、工作量法、双倍余额递减法、年数总和法。

不同行业拥有固定资产的规模不同，制造业普遍拥有较高的固定资产，而商贸服务类企业固定资产较少。比如IT业的固定资产占资产总计比重很小。对不同行业，不能以固定资产数额的大小来评价其经济规模。

6）无形资产变动情况分析

无形资产是没有实物形态的资产，但对于某些企业而言，无形资产可能具有极其重要的作用。尤其在当下知识经济唱响的时代，无形资产越来越显现出非同寻常的影响力。拥有自主知识产权，拥有品牌和专利，就能够在市场上占有一席之地。

无形资产发生变动时，要分析其变动原因。若是获取了土地使用权，意味着企业在扩大投资规模；若是拥有了商誉或品牌，说明企业提升了影响力；若是拥有了专利技术，说明企业研发项目结成硕果。如果无形资产发生了减少，则意味着企业正在通过出售无形资产获取流动资产，如对外投资，或是无形资产发生了减值等。

（2）负债及所有者权益类变动的影响

负债及所有者权益列示于资产负债表的右方，是企业的资金来源。负债是指过去的交易、事项形成的现时义务，履行该义务预期会导致经济利益流出企业；所有者权益是指企业投资人对企业净资产的所有权。两者的比例对企业的发展有着至关重要的作用。

根据债务偿还期限的长短不同，负债可以分为流动负债和长期负债。负债总额的多少，对企业生产经营非常重要。如果一个企业资产主要来自负债，这样的资金来源结构将担负着很大风险。而中长期负债和短期负债的结构对企业也很重要，必须合理安排偿还负债的期限，减轻企业的还债压力，才不至于影响企业正常的经营生产。

短期负债的风险显然要高于长期负债。使用短期负债，不但利息波动不定，而且不足一年的还款期限往往令企业应接不暇。借来的资金尚未给企业带来明显效益，尤其是还未收回资金时，就到了还款期限，企业经营会如履薄冰。而使用长期负债时，每个月的利息费用基本是固定的，更便于做好资金规划，制订周期更长的还款计划。

1）短期负债变动情况分析

短期借款发生变化的原因一般有：流动资金需要、节约利息支出、调整负债结构和财务风险、增加企业资金弹性。

企业在加大对流动资产的投入时，会加大资金需求和加大短期借款。这种需求结束后，企业便需要偿还这项短期借款，还可以节约利息开支。短期借款相较于长期借款和长期债券而言，利率要低，可以降低企业的财务费用。而企业为了调整负债结构减轻财务风险时，也会增加短期借款，以相对减少对长期负债的依赖，使企业的负债结构发生变化。

财务弹性就是在企业突然需要一笔现金时，企业如何有效采取行动以筹得款项，这就是资金的弹性。相比长期负债，短期借款更具有弹性。在资金紧急时，短期借款无疑是最佳的选择，可以在最短的时间内取得，及时解决企业的燃眉之急。

2）应付账款及应付票据变动情况分析

应付账款及应付票据变动的原因一般有：销售规模的变动；充分利用无成本资金；供货方商业信用政策的变动；企业资金的充裕程度。

当企业销售规模扩大时，便会对扩大生产能力和生产规模提出需要。生产规模扩大了，必然对存货提出增量的要求。存货有了增量，应付账款及应付票据便可能随之增加。应付账款及应付票据不同于短期借款，它是企业因商业信用而产生的一种无成本或成本极低的资金来源，在维护企业信用的条件下可以加以利用，能够减少资金成本较高的筹资方式，起到节约利息支出的作用。

此外，应付账款及应付票据的变动，还取决于企业资金的充裕程度。当资金相对充裕时，可以偿还应付账款及应付票据，提高信用，应付账款和应付票据的规模便可以减少；如果企业资金比较紧张，可能会延期付款，应付账款和应付票据规模会增加。

3）应交税费和应付股利

应交税费的变动能够分析企业有无拖欠税款现象。企业是纳税人，有依法纳税的义务。通过应交税费的变动，能看出企业依法纳税遵章守纪的执行程度，看出企业作为经济社会的主要细胞履行义务的能力和责任。

应付股利是企业应付给股东的红利。如果应付股利一直在增加，说明企业应付给股东的红利没有支付，可能是企业支付能力不强，或是体现了企业执行分红的态度，也间接说明，企业具有一定的盈利能力。

4）长期借款变动情况分析

长期借款变动的因素一般有：银行信贷政策及资金市场的供求情况；企业对长期资金的需求；保持权益结构稳定性；调整负债结构和财务风险。

如果金融业调整了长期借款利率，企业有能力也有意愿接受，那么一些采取短期借款来弥补资金不足的企业，会改变策略，在一定的条件下，可以获取长期借款，免于频繁借还。当企业计划投资某个具有可行性的项目时，没有资金的话，可以通过担保和抵押的方式借入长期借款。当企业的收益率远远高于资金成本率时，企业更愿意借力打力，既能保持企业权益结构的稳定性，且能给企业带来效益。当然，如果企业的债务过于沉重，影响到资金来源的结构，可以通过减持部分债务来调整企业负债结构和财务风险。

5）股本变动情况分析

股本是所有者权益项目的主要构成部分，也是企业资金来源的根本。倘若企业对外报表显示当期股本有所变化，可能是公司增发新股或配股，也可能是企业资本公积或盈余公积转赠实收资本。增发新股或配股是由投资者增加投资引起的股本变化，股本减少则相反。

这样的变动对企业的资金来源产生一定的影响，增股带来资金，减股减少资金。资本公积或盈余公积转增实收资本，也会引起股本的变动。如果企业以送股的方式进行利润分配，也会引起股本增加及未分配利润减少。但这两种情况，虽然引起股本变动以及所有者权益的结构变动，却只是体内循环，并未影响所有者权益总和，也未引起资金的波动。

6）未分配利润变动情况分析

未分配利润作为所有者权益的重要项目，来源于企业利润的历年积累。引起未分配利润项目发生变化的原因主要有：企业生产经营活动的业绩和企业利润分配政策的执行。

企业生产经营活动的业绩是指企业一直以来的经营业绩。多年来企业经营成果如何，经营得好坏，会引起未分配利润的变动。而企业利润分配政策的执行也会影响未分配利润。当企业确认本期分配利润时，未分配利润就会减少，相应的股东权益也减少。如果企业暂时不分配利润，未分配利润就会累计下来。

9.1.3 资产负债分析结果的运用

9.1.3.1 判断企业的偿债能力

就企业来说，最关键的是能否具有良好的盈利能力。除此之外，企业的偿债能力也很重要。因为债务总是要偿还的，否则会影响企业的信用以及企业在社会上的美誉度。所以，企业的偿债能力也是财务报表使用者衡量企业经营能力的关键性指标。

偿债能力是企业用其资产偿还债务的承受能力或保证程度，包括偿还短期债务和长期债务的能力。从静态来讲，偿债能力是用企业资产清偿企业债务的能力；从动态来讲，偿债能力是用企业资产和经营收益偿还债务的能力。通常情况下，企业有无支付现金与偿还债务的能力，是企业能否健康生存和发展的关键。

> **案例 1**
>
> 某企业曾是我国光伏行业的明星企业，从事晶体硅太阳电池、组件、光伏系统工程、光伏应用产品的研发、生产和销售业务。2005年12月，公司在美国纽交所挂牌，成为第一家在纽交所成功上市的中国民营企业，从此也成为我国光伏行业领先企业和全球第四大龙头企业。然而，在2013年3月，该公司却正式宣告破产并进行重组，公司股价随之跌至0.59美元，较2008年的90美元下跌了99%。
>
> 该公司的破产原因有很多，其中负债过多是重要原因之一，而经营不善是导致债务累累的罪魁祸首。

负债分为流动负债和非流动负债两种，其区别在于偿还期限。流动负债的偿还期限一般在一年或一个营业周期内，非流动负债的偿还期限一般在一年或一个营业周期以上。短期偿债能力是指企业流动资产对流动负债及时足额偿还的保证程度，它反映企业当前偿付日常到期债务的财务实力。企业的短期偿债能力，是企业以流动资产对流动负债能够及时足额偿还的保证程度，也就是企业以流动资产偿还流动负债的能力，反映出企业偿付日常到期债务的能力。企业的短期偿债能力能够衡量企业当前的财务能力，也是衡量流动资产变现能力的重要指标。

企业偿债能力涉及很多关键性财务指标，具体如表9-3所列。

表9-3 企业偿债能力的关键性财务指标

指标类型	财务指标	意义	计算公式	数据来源
短期偿债指标	流动比率	反映企业流动资产对流动负债的比率，用以衡量企业流动资产在流动负债到期前，可以变为现金用于偿付流动负债的能力	流动比率＝流动资产÷流动负债	资产负债表
	速动比率	反映企业速动资产对流动负债的比率，用以衡量企业流动资产在流动负债到期前，能够立即变现用于偿还流动负债的能力	速动比率＝速动资产÷流动负债	资产负债表
	现金比率	反映企业现金及现金等价资产总量和当前流动负债的比率，可以衡量公司资产的流动性	现金比率＝（货币资金＋交易性金融资产）÷流动负债	资产负债表
长期偿债指标	利息保障倍数	反映企业息税前利润与利息费用的比率，可以衡量企业偿还借款利息的能力	利息保障倍数＝息税前利润÷利息费用	利润表
	资产负债率	反映企业负债总额与资产总额之间的比率，衡量总资产中有多大比例是通过借债来筹资的	资产负债率＝负债总额÷资产总额×100%	资产负债表
	股东权益比率	反映企业股东权益与资产总额的比率，衡量企业资产中有多少是所有者投入的	股东权益比率＝所有者权益总额÷资产总额×100%	资产负债表
	资本周转率	反映企业可变现的流动资产与长期负债的比率，衡量公司清偿长期债务的能力	资本周转率＝（货币资金＋短期投资＋应收票据）÷长期负债合计×100%	资产负债表
	产权比率	反映企业负债总额与所有者权益总额之间的比率，是评估资金结构合理性的一个重要指标	产权比率＝负债总额÷所有者权益总额×100%	资产负债表
	清算价值比率	反映企业有形资产与负债的比率，衡量企业清偿全部债务的能力	清算价值比率＝（资产总计＋无形及递延资产合计）÷负债合计	资产负债表
	长期资产适合率	反映企业所有者权益同长期负债之和与固定资产同长期投资之和的比率，可以从资源配置结构方面衡量企业的偿债能力	长期资产适合率＝（所有者权益总额＋长期负债总额）÷（固定资产总额＋长期投资总额）×100%	资产负债表

在企业所偿还的负债中,有短期负债,也有长期负债,因此在指标上也有反映短期偿债能力的指标,也有反映长期偿债能力的指标。不同指标反映着企业支付短期、长期债务的能力,它与企业不同周期的盈利能力、资金结构有着十分密切的关系。所以,在分析这些指标时要认清哪些是反映短期偿债能力的指标,哪些是反映长期偿债能力的指标。

(1)短期偿债能力指标

首先来分析反映企业短期偿债能力的指标,包括流动比率、速动比率、现金比率3项。

1)流动比率

如果一家企业总是能立即偿还到期债务,那么这家企业无疑是很优秀的。但对于一般企业来说,能有如此高效的偿还能力,是很难做到的,很多企业有偿还能力,但没有马上偿还的能力。流动比率反映的就是马上偿还债务的能力。

流动比率越高,说明企业资产的变现能力越强,短期偿债能力就越强,即在流动债务到期前,企业能够用现金偿还这笔债务。一般来说,企业的流动比率在2:1较为适宜,即流动资产是流动负债的两倍,这表明即使流动资产有一半在短期内不能变现,也能保证全部的流动负债得到偿还。当然,流动负债也不宜过高,否则,可能意味着企业有大量资金闲置,不利于资金的充分利用。

案例 2

以优至公司为例,如表9-4所列,2016年12月31日公司流动资产为131504.73元,流动负债为98990.26元,那么其流动比率为1.33:1。流动比率虽然未达到2:1,不过优至公司的短期偿债能力也不错,它有1.33倍于流动负债的流动资产用以偿还负债,说明偿债能力比较稳健。

表9-4 优至公司资产负债表

编制单位:优至公司　　　　2016年12月31日　　　　单位:元

资产	年初数	年末数	负债及所有者权益	年初数	年末数
流动资产:			流动负债:		
货币资金	12483.58	45911.62	短期借款	20000.00	70000.00

续表

资产	年初数	年末数	负债及所有者权益	年初数	年末数
短期投资			应付票据		
应收票据			应付账款	3548.84	6158.28
应收股利			预收账款		11248.37
应收利息			其他应付款		
应收账款	17928.85	26979.83	应付职工薪酬	11583.61	11583.61
预付账款	45000.00	45000.00	应付福利费		
应收补贴款			应付股利		
其他应收款	1025.47	1025.47	应交税金		
存货	3548.87	12587.81	其他未交款		
一年内到期的非流动资产			预计负债		
其他流动资产			一年内到期的非流动负债		
			其他流动负债		
流动资产合计	79986.77	131504.73	流动负债合计	35132.45	98990.26

而优至公司2016年初的流动比率为2.28∶1，相比年末的流动比率1.33∶1来说，优至公司在2016年度的短期偿债能力有所下降，如图9-5所示。

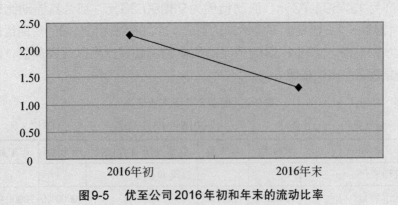

图9-5 优至公司2016年初和年末的流动比率

2）速动比率

流动比率达标就意味着企业偿债能力很理想吗？答案显然是否定的。因为流动资产中除了货币资金是可以立即付现的外，应收账款、存货都不能马上变现。应收账款短期内收不回来，这在企业经营中是常有的事，存货变成现金更是难，这就使得企业依靠货币资金偿还债务的能力大打折扣。

在这种情景下，需要有一个衡量短期债务偿还能力的指标配合，它就是速动比率。速动比率是指速动资产对流动负债的比率，是衡量企业流动资产中可以立即变现，并用于偿还流动负债的能力。所谓速动资产，就是流动资产中变现能力比较强的部分资产，包括货币资金、短期投资、应收票据、应收账款，这些资产可以在较短时间内变现。

通常情况下，速动比率越大，表明公司短期偿债能力越强。通常来说，速动比率在1：1左右是理想状态。如果速动比率过大，可能会使得企业资金闲置较多，不利于资金的充分利用。

> **案例 3**
>
> 仍以优至公司的财务数据为例，2016年12月31日，公司的速动资产为72891.45元，流动负债为98990.26元，其流动比率为0.74：1。年初的速动比率为0.87：1。速动比率一般在1：1为宜，说明优至公司的短期负债迅速偿还能力一般，不是很好，如图9-6所示。

图9-6　优至公司2016年初和年末的速动比率

3)现金比率

现金比率就是指流动资产中货币资金与交易性金融资产(指企业为了近期内出售而持有的债券投资、股票投资和基金投资,具有很强的变现能力,基本可以视为与现金等价)之和同流动负债的比率。该指标可以真实地反映出企业的短期偿债能力。

通常情况下,现金比率只要不小于1,那么就可以完全偿还到期的短期债务。从计算公式[现金比率=(货币资金+交易性金融资产)÷流动负债]可以看出,这一指标能反映企业直接偿付流动负债的能力,是最严格、最稳健的短期偿债指标。现金比率越高,企业可用于支付债务的现金类资产越多,短期债权人的债务风险越小。但如果这一指标过高,则企业的资金利用率低,不利于盈利水平的提高。

> **案例 4**
>
> 优至公司2016年12月31日货币资金为45911.62元,流动负债为98990.26元,那么其现金比率为0.46∶1,公司的现金比率较低,说明其以现金偿还流动负债的能力较低。2016年初现金比率为0.36∶1,与年末相差无几,说明优至公司的现金偿还能力不足,如图9-7所示。
>
>
>
> 图9-7 优至公司2016年初和年末的现金比率

(2)长期偿债能力指标

在分析了短期债务偿还能力指标之后,再来分析下长期债务偿还能力指标,具体包括7项,分别为利息保障倍数、资产负债率、股东权益比率、资本周转率、产权比率、清算价值比率、长期资产适合率。

1）利息保障倍数

利息保障倍数，又称作已获利息倍数，是指企业生产经营所获得的息税前利润（息前的税前利润，简称息税前利润）与利息费用的比率。它是衡量企业支付负债利息能力的指标，用以衡量企业偿付借款利息的能力。所以，债权人通过分析利息保障倍数指标，可以得知债权的安全程度。

利息保障倍数反映了企业经营收益为所需支付的债务利息的倍数。如果利息保障倍数足够大，就意味着企业有充足的能力支付利息；反之，若利息保障倍数不够大，意味着企业没有足够大的息税前利润，那么利息支付就会发生困难。

企业借款发生的利息支出分为两种情况：一是费用化利息。借入款项用于生产经营的流动资金，发生的利息费用记入财务费用，直接在所得税前作为费用扣除项目；二是资本化利息。借入款项用于固定资产投资的建设项目资金，这些借款的利息记入该投资项目的建设费用，成为固定资产价值的一部分。按会计制度要求，只有项目建设启动到项目建设完成期间发生的利息支出才可以资本化。此前和项目正式投产后，其尚未归还的贷款所发生的利息费用，要记入生产经营活动的财务费用，要在利润表上反映。

利息保障倍数财务指标对企业短期债务偿还能力的影响如图9-8所示。

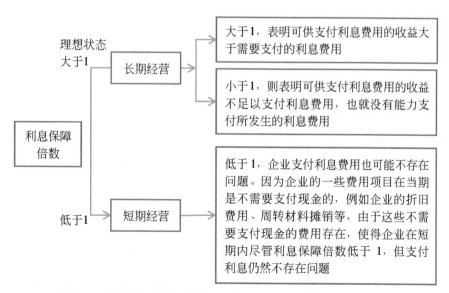

图9-8 利息保障倍数财务指标对企业短期债务偿还能力的影响

利息保障倍数作为反映企业长期偿债能力指标，也存在明显缺陷。由于净利润或者调整的息税前利润，都只是会计核算后的数据，其账面数值往往不能作为长期债务和利息的偿付手段，而只有企业净现金流量才能真正地偿还企业的债务和利息。

2）资产负债率

资产负债率也叫财务杠杆，是企业负债总额占企业资产总额的百分比。该指标反映了在企业的全部资产中由债权人提供资产所占比重的大小，以及债权人向企业提供信贷资金的风险程度，还反映了企业举债经营的能力。

通常来讲，公司的资产负债率平均水平维持在45%左右。对于轻资产型的企业，资产负债率会比较低。而对于重资产型的企业，往往资产负债率都比较高，因为企业需要资金去投资固定资产，购置重工机械。比如航空公司，一般资产负债率都高达70%～80%。

> **案例 5**
>
> 优至公司2016年12月31日年初和年末的资产负债率分别为25.68%和45.99%，资产负债率有了提升。优至公司是轻资产运营模式，投入资本较低，其资产负债率的攀升，说明其存在资金结构的不合理，如图9-9所示。
>
>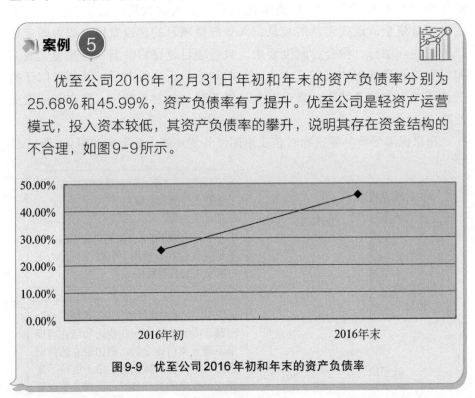
>
> 图9-9　优至公司2016年初和年末的资产负债率

资产负债率不是专一考核长期负债的指标，因为负债总额不但包括长期负债，也包括短期负债。不过我们习惯上将其列为衡量长期债务指标，因为我们往往只看债务总和，无论长期负债还是短期负债，负债总和越多，企业偿债的能力越差。

3）股东权益比率

股东权益比率又叫净资产比率，是股东权益总额与资产总额的比率。这个比率反映了企业的总资产中所有者投入占了多少。在这里也可以看出，资产总额中负债占了多少。资产负债率+股东权益比率=1，两者是此消彼长的关系。这两个比率都是反映企业资产来源的，知其一便能知其二。

股东权益比率应适中为宜，比率过小表明企业过度负债，面临的风险较大。比率过大，则意味着企业经营者没有积极利用财务杠杆作用来扩大经营规模，缺少"借鸡下蛋"的经营能力。

> **案例 6**
>
> 优至公司2016年度资产总额年末数为215222.36元，股东权益总额年末数为116232.10元，年末股东权益比率为54.01%，年初股东权益比率为74.32%。优至公司是咨询公司，属于轻资产型的企业，并不需要太多的钱去投资设备或其他，但它拥有70000元的短期借款用于资金周转，致使负债较高，如图9-10所示。
>
>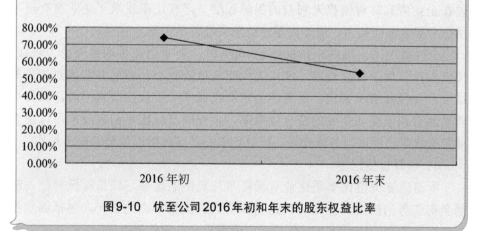
>
> 图9-10 优至公司2016年初和年末的股东权益比率

4）资本周转率

资本周转率又称净值周转率，是可变现的流动资产与长期负债的比率。资本周转率反映企业清偿长期债务的能力。该指标是为了衡量企业自有（经营）资本的运用程度，即衡量企业资产管理效率的重要财务比率。

资本周转率越大，表明企业近期的长期负债偿还能力越强，债权的安全性越好。由于长期负债的偿还期限长,所以,在运用该指标分析公司的长期偿债能力时,还应充分考虑公司未来的现金流入量、经营获利能力和盈利规模的大小。

在分析企业的资本周转率时,我们要结合企业所处行业的特点,进行综合分析。比如说,假如企业的资本周转率很高,但未来的发展前景不乐观,也就是说,企业未来可能的现金流入量少,经营获利能力弱,而且盈利规模小,那么公司实际的长期偿债能力将会变弱。

5)产权比率

产权比率是负债总额与所有者权益总额的比率。一般来说,产权比率可以反映股东所持股权是否过多或者是否充分等,还可以从侧面表明企业借款经营的程度。产权比率是衡量企业长期偿债能力的指标之一,是企业财务结构稳健与否的重要标志。

一般来讲,产权比率高,说明企业偿还长期债务的能力弱;产权比率低,说明企业偿还长期债务的能力强。产权比率其实可以用来表明由债权人提供的资金来源和由投资者提供的资金来源的相对关系。如果所有者提供的资本大于借入资本,情况要好些。当然也非绝对,需要视情况而定。

产权比率表明了债权人投入的资本受到所有者权益保障的程度,或者说在企业清算时对债权人利益的保障程度。产权比率反映了企业自有资本偿还全部债务的能力,能够衡量企业负债经营是否安全有利。

一般情况下,当这个指标低于100%时,表明企业长期偿债能力较强,债权人权益保障程度较高,债权人承担的风险较小。但这并非绝对,需要结合企业经营情况来定。当企业的资产收益率大于负债成本率时,负债经营显然有利于提高企业的资金收益率,企业的产权比率稍高反倒可以给企业带来收益。不过,总体来说,产权比率高是高风险高报酬的财务结构。

6)清算价值比率

所谓清算价值比率是企业有形资产与负债的比率,该指标反映公司清偿全部债务的能力。有形资产是指那些具有实物形态的资产,包括固定资产和流动资产。如存货、对外投资、货币资产、应收账款等。

清算价值比率越大,表明企业的综合偿债能力越强。但是,有形资产的变现能力与变现价值往往受外部环境的影响较大,而且很难确定,所以分析公司的清算价值比率时,还必须考虑企业有形资产的质量及市场需求情况。特别是固定资产,更应考虑其变现能力及变现价值。很显然,有形资产变现能力差或变现价值低的时候,偿债能力必然会受到不利影响。

7）长期资产适合率

所谓长期资产适合率，是企业所有者权益与长期负债之和，再除以固定资产与长期投资之和的比率。长期资产适合率从企业长期资产与长期资本的平衡性与协调性的角度出发，反映了企业财务结构的稳定程度和财务风险的大小。

长期资产适合率的计算公式为：

长期资产适合率＝（所有者权益总额＋长期负债总额）÷（固定资产总额＋长期投资总额）×100%

其中的长期投资总额，包括持有至到期投资、可供出售的金融资产和长期股权投资等。从维护企业财务结构稳定与长期安全性的角度出发，一般来说，该指标数值较高会比较好。但如果该指标值过高，会加重企业的融资成本。所以从理论上来说，长期资产适合率≥100%为宜；但在实际运用中，对于不同的企业，可以根据自身的不同情况，参照行业内的平均水平来确定。长期资产适合率在充分反映企业偿债能力的同时，也反映了企业资金使用的合理性，分析企业是否存在盲目投资、长期资产挤占流动资金，或者负债使用不充分等问题，有利于加强企业的内部管理和外部监督。

9.1.3.2 判断企业的营运能力

营运能力往往是指企业的经营运行能力，即企业运用各项资产赚取利润的能力。在财务指标上，有很多反映企业营运能力的指标，通过这些指标可以了解企业资产配置是否合理，运行是否科学规范，潜力挖掘是否最大化等。

一个企业的营运能力表现为资产的周转率和周转额，且在发挥作用的前提下，对增值目标实现的影响。从这种意义上讲，营运能力决定着企业的获利能力，是整个财务分析的核心。

营运能力的分析对企业管理当局至关重要，不但可以促使管理当局优化资产结构、改善财务状况、加速资金周转，也有利于投资者判断资产的收益能力、资本的保全程度以及企业财务的安全性，从而进行投资决策。对于债权人来说，通过资产结构和资产收益能力分析，还可以判明其债权的物资保证程度或其安全性，然后做出信贷决策。

企业营运能力的财务分析比率有：总资产周转率、应收账款周转率、流动资产周转率、固定资产周转率和存货周转率等，如表9-5所列。

表9-5 企业营运能力财务指标列表

财务指标	意义	计算公式	数据来源
总资产周转率	综合评价企业全部资产的经营质量和利用效率的重要指标	总资产周转率=销售收入÷平均资产总额	资产负债表 利润表
应收账款周转率	在一定时期内应收账款化为现金的平均次数，说明了应收账款的流动速度	应收账款周转率=销售收入÷应收账款平均余额	资产负债表 利润表
流动资产周转率	反映的是全部流动资产的利用效率，是分析流动资产周转情况的综合指标	流动资产周转率=销售收入÷平均流动资产总额	资产负债表 利润表
固定资产周转率	反映企业固定资产周转情况，从而衡量固定资产利用效率	固定资产周转率=销售收入÷固定资产平均净值	资产负债表 利润表
存货周转率	反映存货的周转速度，即存货的流动性及存货资金占用量是否合理	存货周转率=销售成本÷存货平均余额	资产负债表 利润表

（1）总资产周转率

总资产周转率（又称总资产周转次数），是企业经营业务收入与企业总资产的比率。总资产周转率反映了企业全部资产的利用效率。

总资产周转率的计算公式是：

$$总资产周转率=销售收入÷平均资产总额$$

其中：平均资产总额=（期初资产总额+期末资产总额）÷2。销售收入是指主营业务收入（下同）。

如果用全年天数除以总资产周转率，可以计算出总资产周转期(又称为总资产周转天数)。总资产周转天数的意思是，企业需要经过多少天的销售才能完成相当于资产总额那么多的收入。

总资产周转天数的计算公式是：

$$总资产周转天数=360÷总资产周转率$$

总资产周转率越高，表明总资产周转速度越快，企业的销售能力越强，利用全部资产进行经营的效率越高，进而使企业的偿债能力和盈利能力越强。

（2）应收账款周转率

应收账款周转率是全年业务收入与平均应收账款之比，反映了企业对应收账款的利用效率。

应收账款周转率的计算公式为：

$$应收账款周转率 = 销售收入 \div 应收账款平均余额$$

其中：应收账款平均余额＝（期初应收账款＋期末应收账款）÷2。销售收入是指企业的主营业务收入。

如果用全年天数除以应收账款周转率，可以计算出应收账款周转天数（又称为应收账款回收期）。

应收账款回收期的计算公式为：

$$应收账款回收期 = 360 \div 应收账款周转率$$

应收账款周转率可以用来评价企业应收账款的变现速度和管理效率，反映了企业资金周转状况，体现了企业信用政策的宽严程度。

应收账款周转率越高越好，因为应收账款周转率越高，说明企业的应收款回收越快。企业资金周转增快了，资金便可以被更好地利用，资金的使用效率也会得到提高。如果应收账款周转率过低，说明企业的大量资金被关联企业占用，会造成企业自身资金周转的艰难，可能不得不从银行融资来维持生产经营。

但应收账款政策的目的是出于促进销售降低库存，应收账款周转率过高，可能是企业信用政策太紧所致，从而导致会失去某些客户。这些客户是需要企业产品的，但企业的赊销政策不够宽松，一些资金困难的客户不得不转向赊销政策宽松的同类产品的供应商。所以说，应收账款周转率也不是绝对的越高越好，需视情况而定。

（3）流动资产周转率

流动资产周转率，也称流动资产周转次数，是全年销售收入与平均流动资产总额之比，反映的是企业流动资产的利用效率。流动资产周转率反映了流动资产的周转速度，从所有资产中流动性最强的流动资产角度，对企业资产的使用效率进行分析，以进一步揭示影响企业资产质量的主要因素。

流动资产周转率的计算公式为：

$$流动资产周转率 = 销售收入 \div 平均流动资产总额$$

其中：平均流动资产总额＝（期初流动资产总额＋期末流动资产总额）÷2。也可以用全年天数除以流动资产周转率，这样计算出流动资产周转天数。

流动资产周转天数的计算公式为：

$$流动资产周转天数 = 360 \div 流动资产周转率$$

流动资产周转率用于分析企业流动资产的周转速度。一般情况下，该指标越高，表明企业流动资产周转速度越快，利用效果越好。在较快的周转速度下，流动资产能够相对节约，相当于流动资产投入的增加，在一定程度上能够增强企业的盈利能力；而周转速度慢，则需要补充流动资金参加周转，会形成资金浪费，降低企业盈利能力。

（4）固定资产周转率

固定资产周转率是全年销售收入与固定资产净值平均数之比，反映了企业的固定资产的使用效率。固定资产周转率表示在一个会计年度内，固定资产周转的次数，或表示每1元固定资产支持的销售收入。

固定资产周转率的计算公式为：

固定资产周转率＝销售收入÷平均固定资产净值

其中：平均固定资产净值＝（期初固定资产净值＋期末固定资产净值）÷2。

还可以用全年天数除以固定资产周转率，这样可以计算出固定资产周转期。固定资产周转期就是企业需要多长时间就能完成相等于固定资产净值的销售收入来。

固定资产周转期的计算公式为：

固定资产周转期＝360÷固定资产周转率

固定资产周转率主要用于分析企业对固定资产的使用效率。比率越高，说明固定资产的使用率越高，管理能力越强。比率偏低，说明企业对固定资产的使用率较低，可能会影响企业的获利能力。

（5）存货周转率

存货周转率是企业全年的销售成本与平均存货之比，反映了企业存货的使用效率和周转速度，即存货的流动性及存货资金占用量是否合理，促使企业在保证生产经营连续性的同时，提高资金的使用效率，增强企业的短期偿债能力。在流动资产中，存货所占比重较大，存货的流动性将直接影响企业的流动比率。因此，必须特别重视对存货的分析。存货流动性的分析一般通过存货周转率来进行。

存货周转率的计算公式为：

存货周转率＝销售成本÷存货平均余额

其中：存货平均余额＝（期初存货＋期末存货）÷2，销售成本是指主营业务成本。

如果用全年天数除以存货周转率，就可以计算出存货周转天数。存货周转天数反映的是平均多少天存货可以周转一次。换句话说，就是企业从购入原物料、投入生产到将产品销售所需要的天数。

存货周转天数的计算公式为：

$$存货周转天数 = 360 \div 存货的周转率$$

存货周转率是考核存货流动性的重要指标，也是衡量和评价企业购入存货、投入生产、销售收回等各环节的综合性指标，更是衡量企业资产管理能力的一个重要指标。通过这个指标，报表使用者能看到企业的产品从购入原材料、投入生产到销售出去实现收入等各个环节的管理状况，从而直观地评价企业资产运作效率。

一般来说，存货周转速度越快，存货占用水平越低，流动性越强，存货转化为货币或往来的速度就越快，也越能增强企业的短期偿债能力及获利能力。通过存货周转速度分析，有利于找出存货管理中存在的问题，便于找到企业降低资金占用水平的方法。然而，没有什么是绝对的，存货周转天数也不是绝对地越低越好。如果企业减少存货量，肯定会影响存货周转率，缩短周转天数，但可能给企业正常的经营活动带来不利影响。

9.2　利润表的诊断与分析

9.2.1　利润表项目比重诊断

利润是企业经营所追求的核心，这个核心对企业生存与发展至关重要，它能直接决定着企业的经营水平，持续盈利的能力，以及未来发展的远景。因此，利润表是企业盈利能力的集中反映，它就像一张"战果图"，反映着企业在一定时期内，苦心经营、南征北战的战果。

利润表是从主营业务收入出发，一路减法，剥去各项成本费用，最后得出来的，具体如如图9-11所示。

图9-11中显示，营业收入处于最外围，层层剥茧后

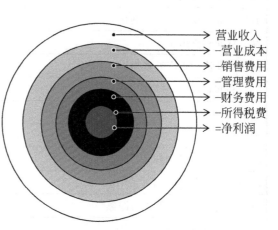

图9-11　利润一路减法示意图

减去各种成本费就是利润,利润处于最核心点。当然,利润也包括其他收入,如其他业务收入、营业外收入、公允价值变动收益等。具体算法我们来看某公司的一个表格,通过表格中的数据直观地介绍利润表的来源,如表9-6所列。

表9-6 利润表(亏损总额以"—"号填列)

编制单位:某管理有限公司　　　　2017年12月　　　　　　　　单位:元

项目	本年累计金额
一、营业收入	268461.84
减:营业成本	151273.44
税金及附加	805.39
销售费用	44981.85
管理费用	56499.56
财务费用	3518.42
资产减值损失	
加:公允价值变动收益	
投资收益	
其中:对联营企业和合营企业的投资收益	
资产处置收益	
其他收益	
二、营业利润	11383.18
加:营业外收入	8053.86
其中:非流动资产处置利得	
减:营业外支出	
其中:非流动资产处置损失	
三、利润总额	19437.04
减:所得税费用	4859.26
四、净利润	14577.78
(一)持续经营净利润	
(二)终止经营净利润	
五、其他综合收益的税后净额	
六、综合收益总额	

续表

项目	本年累计金额
七、每股收益	
（一）基本每股收益	
（二）稀释每股收益	

单位负责人：　　　　　　财务负责人：　　　　　　制表人：

通过表9-6，可以很容易计算出各个项目的数据，大致可分为收入项目、销售项目、成本项目、净利润项目以及利润分配项目。根据这些数据，便可以诊断各项目的比重，及其对企业发展的影响。

项目比重分析是财务报表常用的一种技术分析方法，主要以会计报表中的某个总体指标为100%，计算出个体项目占总体指标百分比，再比较每项个体指标百分比的增减变动情况，以此判断有关财务指标的变动趋势及变化规律。

（1）收入项目比重分析

企业收入分为两种，一是营业活动获取的经常性收入，包括主营业务收入和其他业务收入。经常性收入具有可持续性、可再生性和稳定性的特点；二是非营业活动取得的非经常性收入，包括营业外收入、投资损益和补贴收入等，具有偶然性和间断性的特点。

分析经常性收入和非经常性收入在总收入中的占比，可以评价企业的控制风险能力和持续经营能力。经常性收入的比重越大，则非经常性收入比重越小，说明企业可持续发展能力越强，经营风险越小。收入项目比重示意图如图9-12所示。

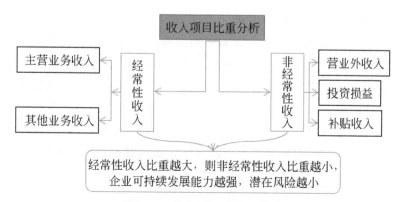

图9-12　收入项目比重示意图

在进行收入结构分析时，不仅要重视收入的量，还要关注收入的质。收入的本质是经济利益流入，经济利益流入的主要形式是现金。要判断企业收入的质与有效性，还须结合现金流量表计算销售净现率。这个指标可以反映企业销售商品所获取的收益变现水平，该指标越大，说明企业货款回笼越及时，坏账发生的可能性越小，收入质量越高。

（2）销售项目比重分析

销售项目比重是指企业各种产品的销售额在总销额中所占比重。这个指标可用来分析企业的经营模式，如是多元化经营还是专业化经营，及其这种经营模式的经营风险，如图9-13所示。

图9-13　销售项目比重分析

销售比重较小，说明企业多元化经营程度较高，销售比重较大，说明企业专业化经营程度较高。多元化战略与专业化经营是相互依赖的一种企业经营战略，专业化经营又是多元化经营的基础，多元化又是专业化发展的必然趋势。企业在采用两种发展战略时，需要主营业务的专业化，其他业务的多元化。坚持自己所熟悉、所擅长主营业务的专业化经营，同时追求其他业务的多元化经营，以实现扩大市场占有率，经济效益最大化，增强企业综合竞争力的目的。

（3）成本项目比重分析

企业的总成本由主营业务成本和期间费用构成。主营业务成本在企业成本费用中占了绝大部分，包括材料、人工和制造费用。不同的成本项目，其习性和控制方法也不同。主营业务成本依靠改进和创新工艺技术、使用熟练工等途径来降低消耗，企业可通过弹性预算来控制成本水平；期间费用与产销量关系不大，属固定成本，企业可通过固定预算进行成本控制和管理。成本结构分析能找准成本控制方向、重点及相应的成本控制方法。

（4）利润分配项目比重分析

企业利润按来源分可分为营业利润和非经常性损益。营业利润是企业在主要经营活动中赚取的，反映企业的经营效果、盈利能力、核心竞争力和发展前景，具有稳定性、持续性、可再生性和风险小等特点；非经常性损益来源于非经营活动，大多与企业资产处置和证券交易等业务有关，具有偶发性、间断性、易操纵和风险大等特点，如图9-14所示。

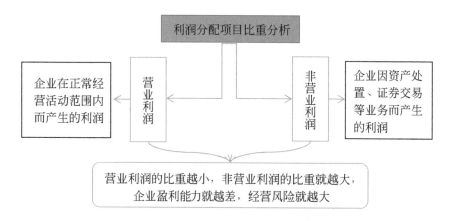

图9-14　利润分配项目比重分析

营业利润的比重越小，非营业利润的比重就越大，企业盈利能力就越差，经营风险就越大。当然报表上的利润大并不一定代表企业财务状况和经济效益良好，还要结合现金流量表，计算现金营运指数和销售净现率等指标，才能做出正确的评判。

企业实现的净利，一部分形成企业积累，另一部分用于向投资者分配。留存收益与股利支付两者是此消彼长的关系，增加留存收益，必然降低股利支付。留存比例对企业未来扩大再生产的影响较大，是企业未来可持续发展的基石。企业留存收益的比例太低，说明企业利润分配结构不合理，内部积累能力较弱，对外部资金的依赖程度过高。

9.2.2　利润表项目变化分析

（1）主营业务收入变动情况分析

企业处于正常生产经营的情况下，生产规模日渐扩大，销售收入应有所提升。在相同的条件下，若收入有所下降，则要分析其原因。一般有三种可能：一是产品售价下降，相同数量的产品未能实现相等的销售收入；二是生产效率下降，可能是熟练工减少、技艺改进、设备老旧等原因，使得同样的操作方式下生产效率和产品数量有所下降，因而减少了销售收入；三是漏报收入，或未通过销售收入账户核算。针对不同的原因，应进行不同方法的分析，找出主营业务收入变动的原因，利于管理当局提出改进措施。

（2）主营业务成本变动情况分析

正常核算情况下，利润表中反映的主营业务收入与主营业务成本存在着一定的配比关系。通过产品单位成本、成本结构、成本项目的分析，可以了解成本变动因素，核算结转到产成品明细账中的产品品种、数量、单价、金额，检查企业挤占生产成本、多转或少转成本的行为，以保证成本核算的正确性。

如果在相同的生产条件下，主营业务成本变动幅度较大，需要分析其原因。

一般有以下几种可能：一是原材料价格上涨，致使材料成本上升；二是人员工资增加，致使人工成本增加；三是生产浪费或次品废品增多，致使成本增加；四是成本结转不实，故意多转或少转成本。针对不同的情况，应采取不同的举措，有效控制产品成本。

（3）税金及附加变动情况分析

税金及附加是与本期销售收入相关的税金及教育费附加。一般地，税率是极少变动的。在企业仅使用一个税率或使用多个税率，而不同税率的销售收入占总销售收入的比重比较稳定的情况下，税金及附加与主营业务收入的比率一般不会出现大的波动。若出现较大的波动，一般有以下两种原因：一是税率或税种变动。虽说税率变动较小，但偶尔也会有变动。比如之前的营业税，如今改成了增值税，不再在本科目反映；二是产品单价变化较大。单价直接影响到销售收入，产品单价变化了，必然会影响到税金，继而影响到本科目。

（4）其他业务利润变动情况分析

其他业务利润是指除产品销售以外的经营业务，如材料销售、固定资产和包装物出租等。在报表涉税分析中，对其他业务利润的异常变化需要进行关注。其他业务利润具有偶然性、不稳定性等特点，因而其变动幅度的大小不足为奇。

但需要注意的是，这个项目的任何变动都值得关注，因为其他业务有其特殊性，其他业务利润有了变动，就说明企业一些特殊业务在发生变化，比如处置固定资产、边角废旧物出售等。

（5）销售费用变动情况分析

销售费用与销售收入也存在一定的关联，但这种关联并非一定成正比。销售费用具有项目多、发生次数频繁、金额小的特点，纳税人会利用非法列支、任意混淆费用开支范围等手段偷逃企业所得税。销售费用变化较大时，可能与销售收入提升相关，比如广告费加大会促进销售，销售人员工资增加也是为了增强销售；也可能与销售行为产生的某些费用发生变化有关，比如拓展市场的前期投入、办公房租涨价、筹建产品展销会等。

（6）管理费用变动情况分析

管理费用与销售收入没有配比关系。管理费用的增减对销售收入的影响微乎其微。管理费用是期间费用的主要内容，其费用项目多、金额较大，在期间费用中占有突出的比例。管理费用变化较大时，与企业管理有直接关系，涉及的因素比较多。分析管理费用变动时，可以按管理费用的明细科目逐个进行分析，找出变动的原因。

（7）财务费用变动情况分析

财务费用与销售收入也没有配比关系。财务费用是企业筹集生产经营资金所发生的费用。利息支出是财务费用的重要内容。利息支出的变动与企业的银行借款数额和利率有关。针对这一特点，对利息支出的报表分析采用测算利息费用率（利息费用率＝利息费用÷借款总额）与同期银行利率对比，分析判断其差异率是否异常。

（8）投资收益变动情况分析

投资收益是企业对外投资所获得的收益。随着社会的发展，企业利润总额中投资收益所占比重日益加大。投资收益发生较大变动，应与企业对外投资的增减变动以及投资所得的增减变动有直接关联。

（9）营业外收支变动情况分析

营业外收入和营业外支出在利润总额中所占比重一般不大，且具有不稳定性和偶发性等特点，因而其变动幅度的大小不值得关注。但要注意的是，这个项目的变动是如何引起的，要通过这个项目的变动去关注一项营业外的业务究竟是如何发生的。

9.2.3 利润表分析结果的运用

9.2.3.1 判断企业的盈利能力

盈利能力是企业通过经营活动获取利润所得的能力,也称为资本增值能力。盈利能力通常表现为一定时期内企业收益数额的多少及其水平的高低,是衡量企业经营规模和发展远景的重要指标。

从指标构成上来看,盈利能力的指标主要包括营业毛利率、营业利润率、净利润率、资产报酬率与所有者权益报酬率,如表9-7所列。

表9-7 盈利能力指标体系表

指标类型	财务指标	意义	计算公式	数据来源
利润率分析	营业毛利率	反映企业每一元营业收入中含有多少毛利额,可以判断企业的成本是否控制得当	营业毛利率=营业毛利÷营业收入净额×100%	利润表
	营业利润率	反映企业在不考虑非营业成本的情况下,企业管理者通过主营业务获取利润的能力	营业利润率=营业利润÷营业收入净额×100%	利润表
	净利润率	反映企业每一元营业收入中能净赚多少钱,可以判断企业有盈利方面的竞争力	净利润率=税后净利÷营业收入净额×100%	利润表
	成本费用利润率	反映企业生产经营过程中所产生的支出与所获得的收入之间的关系	成本费用利润率=(利润总额÷成本费用总额)×100%	利润表
收益率分析	资产报酬率	反映企业在资产利用方面的效率,可以在很大程度上反映企业的经营管理水平	资产报酬率=[税后净利+利息费用×(1-所得税率)]÷平均所有者权益×100%	利润表资产负债表
	所有者权益报酬率	反映一定时期内企业的净利润与所有者权益的比率,是衡量股票投资者回报的指标	所有者权益报酬率=税后净利÷平均所有者权益×100%	利润表资产负债表
	净资产收益率	用来衡量企业所有者权益获得报酬的水平	净资产收益率=净利÷净资产平均总额	利润表资产负债表
	资本金收益率	用来衡量企业所有者投入的资本赚取利润的能力	资本金收益率=净利÷平均实收资本	利润表资产负债表

除表格中的指标外，一些上市公司还会采用每股收益、每股股利、市盈率、每股净资产等指标来评价其获利能力。

（1）利润率分析

1）营业毛利率分析

营业毛利是主营业务利润加上其他业务利润，通俗地讲，就是企业卖出去的所有商品的收入，扣除所有商品的成本及税金后的净收入。

为了更好地对其进行分析，先来看一组数据，如表9-8、表9-9所列。表9-8中的数据是优至公司2017年度营业毛利率计算表，表9-9中的数据是两家不同公司营业毛利率指标对比。

表9-8 优至公司2017年度营业毛利率计算表

项目	本年累计金额（元）
主营业务收入	268461.84
主营业务成本	151273.44
税金及附加	805.39
主营业务利润	116383.01
其他业务收入	0
其他业务成本	0
其他业务利润	0
营业收入净额（=主营业务收入+其他业务收入）	268461.84
营业毛利润（=主营业务利润+其他业务利润）	116383.01
营业毛利率（=营业毛利润÷营业收入净额×100%）	43.35%

表中该公司的毛利率水平是相当不错的，意味着公司在经营过程中成本控制得很好，获利能力不错。

表9-9 甲公司和乙公司营业毛利率指标比较

财务指标	甲公司	乙公司
营业收入（元）	3679.48	5178.25
营业成本（元）	2418.37	3754.8
营业毛利润	1261.11	1423.45
营业毛利率	34.27%	27.49%

甲、乙两家企业同是建材生产企业，主营产品都是保温板，表中数据是对两家企业的毛利比较。从表9-9中可以看出，乙公司的销售规模大于甲公司，但其毛利率较低，由于毛利率是利润率乃至净利率的基础，因此甲公司在盈利上会有比较好的表现。

营业毛利率除了可在同行业之间进行比较以外，还可以以时间为维度进行纵向对比。比如对企业2016年度和2017年度的毛利率进行比较，通过纵向比较，可以看出企业发展的速度和趋势，对分析企业、预测前景有一定的作用。

2）营业利润率分析

营业利润率是指企业的营业利润与营业收入净额的比率，通过这一指标可以衡量企业在一定时期内营业收入的获利能力，是判断企业经营效率的一个重要指标。如某公司毛利率很不错，但营业利润率却不太理想，这就说明公司的扣减项目偏高（扣减项目主要是三项期间费用），同时也说明公司要提高利润，需要在控制期间费用方面采取措施。为便于理解，可通过表9-10中的数据来详细分析。

表9-10 2016年优至公司营业利润率计算表

项目	本年累计金额（元）
主营业务收入	268461.84
其他业务收入	0
营业收入（＝主营业务收入＋其他业务收入）	268461.84
主营业务成本	151273.44
其他业务成本	0
营业成本（＝主营业务成本＋其他业务成本）	151273.44
税金及附加	805.39
期间费用	104999.83
资产减值损失	
公允价值变动收益（损失为负）	
投资收益（损失为负）	
营业利润	11383.18
营业毛利率（＝营业毛利润÷营业收入净额×100%）	43.35%
营业利润率（＝营业利润÷营业收入净额×100%）	4.24%

从表9-10中可以看出，该公司的营业利润率比较低，只有4.24%。尽管毛利率还是很不错的，但营业利润率却不太理想。

3）净利润率分析

净利润包括主营业务利润，也包括非主营业务利润，是营业利润加上营业外收支，再扣除所得税后的利润。在分析净利率这个指标时，可以与毛利率做一下比较，两者越接近，说明企业在期间的支出费用越低，也说明企业的经营效率越高。

在营业利润的基础上，影响净利润率的因素一般取决于两个方面：一是营业外收支，营业外收支具有偶发性和不稳定性，因而对净利润会有一定影响；二是所得税费用，所得税费用的高低取决于企业所得税税率，以及利润总额的高低。

我们不妨继续以优至公司为例，计算该公司的净利润率，如表9-11所列。

表9-11 2016年优至公司营业净利润率计算表

项目	本年累计金额（元）
营业收入	268461.84
营业利润	11383.18
营业外收入	8053.86
营业外支出	0
所得税费用=（营业利润+营业外收入-营业外支出）×25%	4859.26
净利润=营业利润+营业外收入-营业外支出-所得税费用	14577.78
净利润率=净利润÷营业收入净额×100%	5.43%

优至属于小微企业，其营业外收入主要来源于增值税的免税优惠政策。按税法规定，减免的增值税计入营业外收入。优至公司的净利率为5.43%，意味着这家公司每100元的营业收入中，能够赚取5.43元，这是净赚的钱，扣除了所有的成本和费用，可以归企业支配。所以说，净利润及净利润率对企业最具实际意义。

我们把这个净利润率与优至公司同行业内的其他公司进行横向比较，若发现优至公司的净利润率高于行业平均水平，便可以判断这家公司在行业内盈利能力很强，对于成本管控也比较好；反之则说明企业的盈利能力还要增强。

同理，我们还可以进行纵向比较，即与优至公司的以往年度进行比较，看各年的净利润率趋势如何，继而判断企业的发展劲头。

4）成本费用利润率

根据会计准则中的配比原则，企业的收入与成本及费用应当配比。同一会计期间内的各项收入以及与其相关的成本、费用，应当在该会计期间内确认，这样才能衡量企业盈利状态的利润值。与成本费用相关的盈利能力指标，是成本费用利润率。

成本费用利润率是指企业的利润总额与成本费用总额的比率。它是反映企业生产经营过程中所产生的支出与所获得的收入之间的关系。该指标越高，表明企业为取得利润而支付的耗费越小，也说明企业的成本费用控制得好，盈利能力强。

仍以优至公司为例，2016年底该公司的成本费用利润率如表9-12所列。

表9-12 2016年底优至公司成本费用利润率计算表

项目	本年累计金额（元）
营业成本	151273.44
税金及附加	805.39
销售费用	44981.85
管理费用	56499.56
财务费用	3518.42
成本费用总额	257078.66
利润总额	19437.04
成本费用利润率=（利润总额÷成本费用总额）×100%	5.67%

从表9-12可以看出，优至公司2016年底的成本费用利润率为5.67%，即每投入100元成本能赚取5.67元。显然，这不是个高效率的利润。

提高成本费用利润率，取决于利润和成本费用两个因素，因此做好成本费用控制是关键。成本费用的控制方法有三个：流程控制、标准控制和总量控制，如图9-15所示。

流程控制可以从流程管控上节约成本支出，标准控制可以从费用标准

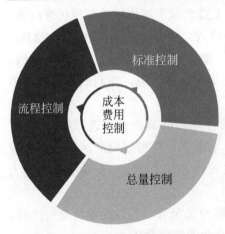

图9-15 成本费用的控制方法图

上扼制费用滋长，总量控制可以从总体预算上把控成本总量。三种方法可单独使用，也可以结合使用，只要能降低成本费用，哪种方法都可以选择。

（2）收益率分析

1）总资产收益率分析

在考核企业利润实现情况时，投资者往往关注与投入资产相关的收入实现情况，并经常结合每股收益及净资产收益率等指标来进行判断。事实上，总资产收益率是一个更为有效的指标。总资产收益率的高低直接反映了企业的竞争实力和发展能力，也是决定公司是否应举债经营的重要依据。

总资产收益率是企业在一定期间内实现的收益额与该时期企业平均资产总额的比率，该指标用来衡量企业总体资产的盈利能力。以下是2016年底优至公司的财报资料，如表9-13所列。

表9-13　2016年底优至公司总资产收益率计算表

项目	本期金额	本年累计金额（元）
期初资产总额		136786.77
期末资产总额		215222.36
资产平均总额		176004.57
净利润		14577.78
总资产收益率		8.28%

优至公司在2016年底的净利润偏低，因而其总资产收益率也明显偏低。对于一个起步一年多的企业，无论在管理水平还是业务拓展方面，尚处于摸索阶段，因而收益率偏低是可以理解的。

从上面的计算可以分析，影响总资产收益率的因素是企业的净利润和企业的总资产规模。净利润越高，总资产收益率就越高。企业的资产规模越大，总资产收益率就越低。

2）资产报酬率分析

只通过净利润来分析盈利能力未免有失公允，因为净利润中扣减了利息支出（即财务费用），也就是已经把支付给债权人的利益剔除在企业的净收益之外，使得收益值不够完全。这就需要在净利润的基础上，反向加回利息支出和所得税费用，得到息税前利润。用息税前利润值来衡量企业总资产盈利能力的指标，就是总资产报酬率。总资产报酬率是指企业一定期间内的息税前利润与资产平均总额的比率。

总资产报酬率的计算公式为：总资产报酬率=（息税前利润÷平均资产总额）×100%

其中：平均资产总额=（期初资产总额+期末资产总额）÷2。

该指标被认为是企业的基本盈利能力。它排除了资金来源方式不同对企业利润的影响，也排除了不同所得税率对企业利润的影响，体现的是公司使用所拥有的资产获取利润的能力。

我们来计算一下优至公司2016年底的总资产报酬率，如表9-14所列。

表9-14 2016年底优至公司总资产报酬率计算表

项目	本期金额	本年累计金额（元）
期初资产总额		136786.77
期末资产总额		215222.36
资产平均总额=（期初净资产总额+期末净资产总额）÷2		176004.57
净利润		14577.78
财务费用		3518.42
所得税费用		4859.26
息税前利润=净利润+财务费用+所得税费用		22955.46
总资产报酬率=息税前利润÷平均资产总额		13.04%

优至公司的总资产报酬率比总资产收益率提升了几个点，这是由于受到了财务费用及所得税的影响。这种扣除息税的方法，更能客观地评价企业的盈利能力。

3）净资产收益率分析

净资产收益率，顾名思义就是分析企业净资产所具有的盈利能力。这个指标对于企业的投资者来说，更具吸引力。因为净资产是投资者的留存收益，他们自然想知道，自己的所有者权益能具有怎样的盈利能力。

净资产收益率又称所有者权益报酬率或股东权益收益率，是企业一定时期内净利润与平均净资产的比率，该指标用来衡量企业所有者权益获得报酬的水平。对股份制企业来说，净资产收益率就是股权报酬率；对于上市公司来说，它是一个衡量股票投资者回报的指标。此外，通过观察净资产收益率的变动情况，可以反映出企业管理层的表现，包括企业的盈利能力、资产管理水平等。

净资产收益率指标值越高,说明股东投资带来的收益越高;净资产收益率指标值越低,说明股东权益的获利能力越弱。该指标体现了企业自有资本获取净收益的能力。

再看实例,优至公司2016年底的净资产收益率如表9-15所列。

表9-15 2016年底优至公司净资产收益率计算表

项目	本年累计金额(元)
期初净资产总额	101654.32
期末净资产总额	116232.10
净资产平均总额=(期初净资产总额+期末净资产总额)÷2	108943.21
净利润	14577.78
净资产收益率=净利润÷净资产平均总额	13.38%

从上表可以看出,优至公司的净资产收益率为13.38%。然后可以用这个数据再进行纵向和横向比较,分析优至公司净资产的盈利能力。

4)资本金收益率分析

在分析净资产收益率的基础上,可以更进一步地分析投资者的资本所具有的盈利能力。虽然净资产收益率体现了所有者权益资本的盈利能力,但所有者权益不全是投资者的初始投入。投资者的初始收入主要是形成了实收资本,其他的部分是企业经营过程中形成的留存收益。对于投资者来说,往往还会关心自己投入的钱具有怎样的盈利能力。于是就需要这样一个指标来体现这样的盈利能力,它就是资本金收益率。

资本金收益率是一定期间内企业的净利润与资本金的比率。所谓资本金,就是投资者初始投入的资本,在资产负债表上体现为"股本"或"实收资本"。这一指标用来衡量企业所有者投入的资本赚取利润的能力,如表9-16所列。

表9-16 2016年优至公司资本金收益率计算表

项目	本年累计金额(元)
期初实收资本	100000.00
期末实收资本	100000.00
平均实收资本=(期初净资产总额+期末净资产总额)÷2	100000.00
净利润	14577.78
资本金收益率=净利润÷平均实收资本	14.58%

由表9-16可见，优至公司的资本金收益率为14.58%。

（3）税负率分析

企业的税负率与企业的盈利水平有着直接的关系，税负率在一定条件下可以反映企业的利润率。但是，一些企业出于某些目的，人为地使得税负率和利润率有所偏离，致使税负率不能准确反映企业的盈利能力。

1）毛利率与增值税税负率的关系

增值税是对产品的附加值所征收的税，即对产品的投入与产出的差额征收的税，就相当于对产品的毛利额征收的增值税。由于税务局很难确定和把握产品的投入状况，就采取以取得增值税发票抵扣联并符合抵扣规定进行抵扣的措施。但生产产品投入的部分材料、工资、费用等是不能取得增值税专项发票的，所以按毛利额去征收增值税并不等于实际缴纳的增值税，但两者之间存在一定的联系。

税负率＝增值税额÷销售收入

增值税率＝[销售收入－（总销售成本－不可抵扣税的成本）]×17%÷销售收入

即：增值税额＝（毛利额＋不可抵扣税的成本）×17%

那么税负率与毛利率的关系为：

增值税税负率＝（毛利额＋不可抵扣税的成本）×17%÷销售收入
　　　　　　＝（毛利率＋不可抵扣税的成本占收入比例）×17%

从这个公式可以看出，增值税税负率与毛利率的关系，主要取决于不可抵扣税的成本。不可抵扣税的成本越高，税负率越低于毛利率；不可抵扣税的成本越低，税负率则越来越接近毛利率。

报表使用者通过增值税税负率与毛利率进行比较，可以看出企业的纳税义务尽职情况。如果税负率比毛利率低很多，说明企业缴纳的增值税不多，企业可能通过调节增值税的销项和进项，人为地控制税负，以减轻企业的税负。

2）毛利率与所得税税负率的关系

企业所得税是对纳税人取得的所得所征收的税，包括销售货物所得、提供劳务所得、转让财产所得、股息红利所得、利息所得、租金所得、特许权使用费所得、接受捐赠所得和其他所得。一般地，企业所得税是以企业的利润总额为计税基础，减去不予税前扣除的项目后的企业净得，按一定比率进行征收。

> 所得税税负率 = 所得税额 ÷ 销售收入
>
> 所得税税负率 =（毛利额 − 期间费用 + 其他业务利润 ± 投资损益 ± 营业外收支 ± 资产减值损失）× 所得税税率 ÷ 销售收入
>
> 如果忽略其他业务利润、投资损益、营业外收支和资产减值损失的话，那么，所得税税负率 =（毛利额 − 期间费用）× 所得税税率 ÷ 销售收入 =（毛利率 − 期间费用占收入的比重）× 所得税税率

从这个公式可以看出，所得税税负率与毛利率的关系，主要取决于期间费用的成本。期间费用越高，税负率越低于毛利率；反之，期间费用越低，税负率则越来越接近毛利率。

同样，报表使用者通过所得税税负率与毛利率进行比较，可以看出企业纳税义务的尽职情况。在期间费用一定的情况下，所得税税负率比毛利率低很多，说明企业缴纳的所得税不多。企业可能通过调节期间费用，人为地控制税负，以减轻企业的税收负担。

当然，进行税负率与利润率的分析，是基于一些前提之下。若这些前提条件在企业经营中占有较大的分量，就不能如此简单地分析税负率，以免有失偏颇。

9.2.3.2 判断上市企业的盈利能力

上市公司不仅要对企业内部员工负责，更要对大众投资对象负责，因而上市公司盈利能力的衡量指标更多、更详尽，以接受国家证监会和社会公众的监督，以保障投资者及股东的利益不受侵害。

对上市公司的盈利能力分析主要有每股收益、每股现金股利、股利支付率、市盈率、每股净资产、市净率等指标，如表 9-17 所列。

（1）每股收益指标分析

对于持有上市公司股票的股民来说，需要关注的最基本的指标是每股收益。所谓每股收益，是指企业净收益与发行在外普通股股数的比率。它

表9-17 上市公司盈利能力指标体系

关键性指标	概念	公式	数据来源
每股收益	是指企业净收益与发行在外普通股股数的比率	每股收益=(净利润-优先股股利)÷普通股股数	利润表
每股现金股利	是现金股利总额与普通股股数的比值	每股现金股利=(现金股利总额-优先股现金股利)÷普通股股数	利润表
股利支付率	是指净收益中股利所占的比重	股利支付率=每股股利÷每股净收益×100%	利润表
市盈率	市盈率是每股市价与每股盈利的比率	市盈率=每股市价÷每股收益×100%	利润表
每股净资产	每股净资产是指股东权益与总股数的比率	每股净资产=股东权益÷总股数	利润表
市净率	市净率是指每股股价与每股净资产的比率	市净率=每股市价÷每股净资产	利润表

反映了某个期间内企业平均每股普通股获得的收益，可以用来评价普通股持有者获得报酬的程度。每股收益通常被用来反映企业的经营成果，同时衡量普通股的获利水平及投资风险，是投资人及其他信息使用者据以评价企业盈利能力、预测企业成长潜力、进而做出相关经济决策的重要财务指标之一。

该指标反映了每股创造的税后利润，比率越高，表明所创造的利润越多。若公司只有普通股时，净收益是税后净利，股份数是指流通在外的普通股股数。如果公司还有优先股，应从税后净利中扣除分派给优先股东的股利。

> 每股收益的计算公式为：
> 每股收益=(净利润-优先股股利)÷普通股股数
> 作为评价上市公司盈利能力的基本和核心指标，每股收益的作用主要体现在：
> ① 每股收益指标可以看出企业的获利能力。通过每股收益，可以看出一个企业的获利能力，并能够看出股东的收益水平。
> ② 每股收益是确定企业股票价格的主要参考指标。
> ③ 每股收益是企业发展趋势的参考。

影响股票价格的因素有若干，特别是在证券市场，会因股民的购进和抛售而呈现波动。然而，无论如何波动，决定股价最根本的因素还是企业的盈利能力。每股收益作为反映企业盈利能力的指标，能够决定企业股价的高低。

连续关注某企业的每股收益，分析企业的变动状况及其趋势，能够为投资者提供该企业投资报酬的变动规律，从而确定是否需要长期持有该股票。

此外，通过对同行业内的不同企业的每股收益进行分析，能得知企业在同行业中的地位，便于对所投资企业的盈利能力做出更为中肯的判断。

（2）每股现金股利指标分析

每股现金股利，简称每股股利，是现金股利总额与普通股股数的比值。每股收益是公司每一普通股所能获得的税后净利润，但上市公司实现的净利润一般不会全部用于分派股利。每股股利通常低于每股收益，因为一部分收益要作为留存利润用于公司自我积累和发展。即使在企业盈利很好的状态下，上市公司的股利分配政策仍然受股东对股利分配的偏好、企业现金流状态、企业发展规划等诸多因素的影响。所以并不是企业有多少收益，投资者就可以分到多少收益。

> 每股现金股利的计算公式为：
>
> 每股现金股利=（现金股利总额-优先股现金股利）÷普通股股数
>
> 影响每股股利的因素主要是企业的股利发放政策和利润分配政策。若企业为扩大再生产、增强企业后劲而多留收益，每股股利便会少些。

股东结构对现金股利的发放有一定的影响。往往股权越集中，发放现金股利越不稳定；股权越分散，发放现金股利越稳定。股权集中度越高，大股东的持股份额越大，决定股利发放的控制力越强。由于大股东的控制，上市公司不真正具备独立的法律人格，许多上市公司成为大股东们"圈钱"的工具。上市的真正目的，是在为大股东们在证券市场上"吸银"。而按照代理理论，中小股东会采取积极的行为迫使公司管理层支付股利，从而降低代理成本。但是，由于目前我国上市公司的股权结构不合理，流通股股东以散户为主,机构持股较少,股权极度分散,大股东一般拥有绝对控股权。于是在现金股利发放问题上,大股东与中小股东有着截然不同的想法,而最终决定权由大股东掌控,大股东能够直接影响着现金股利。

(3)股利支付率指标分析

股利支付率,也称股息发放率,是指净收益中股利所占的比重。它反映公司的股利分配政策和股利支付能力,通常初创公司、小公司的分配比例较低。分配比例高,表明公司不需更多的资金进行再投入,公用事业股的分配比例都较高。

> 股利支付率的计算公式为:
>
> 股利支付率=每股股利÷每股净收益×100%
>
> 或 股利支付率=股利总额÷净利润总额

案例 7

假设2017年度优至公司实现净利润14577.78元,公司于2017年底进行股利支付。经过董事会研究决定,支付股利5000元。根据投资比例确定,支付股东尤之股利3000元,支付股东明桂股利2000元,具体如表9-18所列。

表9-18 优至公司股利分配表

股东	股东比例	实现利润	派发股利	股利分配金额(元)
尤之	60%	14577.78	5000.00	3000.00
明桂	40%			2000.00

那么优至公司的股利支付率为:

股利支付率=5000÷14577.78×100%=34.30%

股利支付率没有固定的衡量标准,企业可根据自身盈利状况、远期经营方针、目前市场变化情况等来决定自己在不同年份内的股利支付比率。股利支付率高,说明企业对资金的需求不高,或持有较多的现金,还能够反映企业股利政策的偏好。

（4）市盈率指标分析

市盈率是每股市价与每股盈利的比率。一般谈及的市盈率通常指的是静态市盈率，用来作为比较不同价格的股票是否被高估或者低估的指标。市盈率并不能准确衡量一家公司股票的质地。一般认为，一家公司股票的市盈率如果过高，那么该股票的价格具有泡沫，价值被高估。当一家公司增长迅速以及未来的业绩增长被非常看好时，可以利用市盈率指标比较其股票与其他不同公司股票的投资价值，前提是这些公司必须属于同一个行业。同一个行业的企业，其每股收益才较为接近，才具有可比性。

市盈率又称本益比，是普通股每股市价与普通股每股收益的比率。即普通股每股市价相当于每股收益的倍数，反映的是投资者对上市公司每元净利润愿意支付的价格。

> 市盈率的计算公式为：
> 市盈率＝每股市价÷每股收益×100%

市盈率是反映上市公司获利能力的一个重要财务指标。一般来说，市盈率高，说明投资者对企业的发展前景看好，愿意出较高的价格购买该公司股票。一些成长性较好的高科技企业的股票市盈率通常要高一些。但是如果市盈率过高，也可能意味着这种股票具有较高的投资风险。

影响市盈率的主要因素包括：

1）投资报酬率

如果一家上市公司效益良好且相对稳定，也就意味着投资者获取收益的良好与稳定，投资者就愿意持有该公司的股票，该公司的股票市盈率会由于投资者的趋众心理而相应提高。

2）企业利润率

如果一家上市公司预期未来的盈利能力和利润率逐渐提升，说明公司在稳步增长，即使目前市盈率较高，也可以投资，因为市盈率会随着盈利能力的提升而向着相反的方向发展。

3）市场利率

当市场利率水平变化时，市盈率也应做相应的调整，两者之间基本是此起彼伏的倒数关系。

(5)每股净资产指标分析

每股净资产是指股东权益与总股数的比率,这一指标反映每股股票所拥有的资产现值。每股净资产越高,股东拥有的每股资产价值越多;每股净资产越少,股东拥有的每股资产价值越少。通常,每股净资产越高越好。

公司净资产代表公司本身拥有的财产,也是股东们在公司享有的权益。在会计核算上,相当于资产负债表中的总资产减去全部债务后的余额。公司净资产除以发行总股本,即得到每股净资产。

> 每股净资产的计算公式为:
> 每股净资产=股东权益÷总股数

每股净资产反映了每股股票代表的公司净资产价值。任何一个企业的经营都是以其净资产为起点和基础的。如果一个企业负债过多而实际拥有的净资产很少,就意味着其经营成果的绝大部分都将用来还债,一旦负债过多出现资不抵债的现象时,企业将会面临着破产的危险。所以,了解一个上市公司是否确实拥有经济实力,需要分析其每股净资产。

每股净资产是支撑股票市场价格的重要基础。每股净资产值越大,表明公司每股股票代表的财富越雄厚,创造利润的能力和抵御外来因素影响的能力越强。

当然,对一个公司进行财务分析时,不能单看某一项指标,还需要更细致地研究公司的其他各项财务指标,以发现不同指标间的差异,以及造成这些差异的原因,这样才能更为全面地看清一家企业的财务实质。

(6)市净率指标分析

市净率是指每股股价与每股净资产的比率。一般来说,市净率越低的股票,投资价值越高;反之,市净率越高的股票,投资价值越低。然而,在判断投资价值时,还必须考虑市场环境以及公司经营情况、盈利能力等诸多因素,否则,做出的判断可能有失偏颇。

> 市净率的计算方法是:
> 市净率=每股市价÷每股净资产

净资产包括资本金、资本公积金、资本公益金、法定公积金、任意公积金、未分配盈余等项目，它代表全体股东共同享有的权益。净资产的多少是由股份公司经营状况决定的，股份公司的经营业绩越好，其资产增值越快，股票净值就越高，股东所拥有的权益也就越多。

市净率与每股净资产成反比。在股票市价一定的情况下，每股净资产越高，其市净率就越低，投资者的风险就越低；反之，市净率越高，投资者的风险越大。然而对市净率要进行动态观察，因为会计制度的不同往往使得净资产与境外企业的概念存在差别。而且净资产仅仅是企业静态的资产概念，而净资产本身是在变化的。去年盈利，今年就可能亏损，每股净资产也会因此受到波及。

市净率与市盈率一字之差，作用却不同。市净率主要从股票的账面价值分析企业的发展潜力，市盈率是从股票的盈利角度考察企业的发展潜力。

9.2.3.3 判断企业的成长能力

企业的成长能力，是指企业通过开展生产经营活动，不断扩大积累而形成的发展潜能，也称为发展能力。企业能否健康快速地成长，有诸多的影响因素，包括企业的管理水平、经营方向、外部环境、社会资源条件等。而企业的成长能力在很大程度上反映了企业未来的发展前景，并影响着企业的资产规模、盈利能力、市场占有率等。

分析企业的成长能力有两种方法：一是衡量价值，二是衡量影响价值变动的因素。衡量企业成长能力的核心是企业价值的增长水平，一般用净收益增长率即资本积累率和资本增值保值率来考量企业价值的增长。衡量影响价值增长的因素主要有销售收入、资产使用效率、资产规模、净资产规模、净收益、股利分配等，一般用销售增长率、总资产增长率等指标来考量，具体如表9-19所列。

表9-19 企业成长能力指标体系

关键性指标	概念	公式	数据来源
资本积累率	反映企业本年所有者权益增加额同年初所有者权益的比率，表示企业当年资本的积累能力	资本积累率=本年所有者权益增加额÷所有者权益年初余额×100%	资产负债表
资本增值保值率	反映企业当年资本在企业自身努力下实际增减变动的情况	资本增值保值率=扣除客观因素后的本年末所有者权益总额÷年初所有者权益总额×100%	资产负债表

续表

关键性指标	概念	公式	数据来源
总资产增长率	反映企业本年总资产增长额同年初资产总额的比率，表示企业本期资产规模的增长情况	总资产增长率=本年总资产增长额÷年初资产总额×100%	资产负债表
销售增长率	反映企业主营业务收入增长的幅度，是评价企业成长与发展能力的重要指标	销售增长率=本年销售收入增长额÷上年销售收入×100%	利润表

（1）反映净资产积累增长能力的指标

企业的净资产，是指属于企业所有并可以自由支配的资产，也就是所有者权益。净资产是股东所实际拥有的资产，通俗点说，其实就是企业实实在在的家底。家底厚，盈利有资本，成长能力就强。净资产的不断增长，表明企业不断有新的资本进入，或留存收益在逐渐增加，说明企业的股东对企业的发展充满信心，说明企业的盈利能力在增强。显然，净资产越多，其应对风险的能力和持续发展的能力就越强。

反映净资产积累增长能力的财务指标叫资本积累率，也叫股东权益增长率，是指企业本年所有者权益增加额同年初所有者权益余额的比率。资本积累率表示企业当年资本的积累能力，是评价企业发展潜力的重要指标。

下面通过三家企业的实际情况来揭示资本积累率的作用，如表9-20所列。

表9-20　三家公司资本积累率指标比较　　　　　　　　　　　　　单位：元

年份	召栋公司		明哲公司		同峰公司	
	所有者权益金额	增长比率	所有者权益金额	增长比率	所有者权益金额	增长比率
2014	814.25	—	68.84	—	428.97	—
2015	902.58	10.85%	79.27	15.15%	484.84	13.02%
2016	1008.37	11.72%	93.48	17.93%	528.89	9.09%
2017	1147.76	13.82%	116.25	24.36%	617.97	16.84%

之所以选择3年的数据进行比较，是因为通过一段时间的比较更能看出企业的发展趋势，避免了一个年度可能具有的某种偶然，尽可能客观地体现企业的发展水平和发展趋势。通过上表可以看出，从资本数额来看，召栋公司由于净资产基数较大，所以近四年来其净资产数额一直最大，同峰

公司次之,明哲公司的净资产数额最小。

单从这张表来看,显然是召栋公司的家底最厚实,最具有盈利能力。然而,要看一个公司的成长能力,光靠这些绝对数值,并不能看得清楚,还需要对其增长能力进行比较。如图9-16所示。

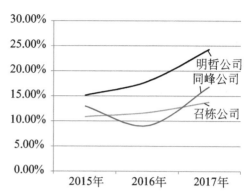

图9-16　三家公司资本积累率折线图

从上面的折线图可以看出,资本积累率最好的是明哲公司,一路上扬,逐渐攀升。虽然明哲公司的家底较薄,底盘较小,但其成长能力最强;召栋公司的家底最厚实,盘子最大,但其资本积累率显得沉稳而缓慢,稳中有升,循环渐进;而同峰公司虽然总体来说,资本积累率也在上升,但似乎不够稳定,在2016年其增长比率出现了下滑,说明其资本积累率出现了波动,可能是当年的所有者权益出现了波动,或是受某种偶然因素操纵,而出现了恒稳不均的态势。

为了剔除短期因素的影响,还可以求出企业在一定时间内的平均资本积累率。仍以3年为期,平均资本积累率的计算公式为:

$$3年平均资本积累率 = \left(\sqrt[3]{\frac{年末所有者权益总额}{3年前所有者权益总额}} - 1 \right) \times 100\%$$

上例三家公司的3年平均资本积累率如表9-21和图9-17所示。

表9-21　三家公司的3年平均资本积累率表

项目	召栋公司	明哲公司	同峰公司
3年平均资本积累率	12.12%	19.08%	12.95%

通过上述表图,我们可以轻松地得出结论,明哲公司的资本积累最快,成长能力最强;同峰公司的成长能力略高于召栋公司;召栋公司尽管资本总额最大,但其成长能力不如明哲公司,比起同峰公司亦有逊色。

由于资本积累增长源于两种

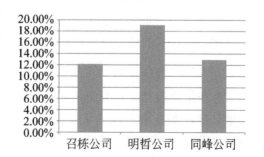

图9-17　三家公司3年平均资本积累率柱状图

可能，一是投资者的投入资本增加，二是留存收益增加。所以资本积累率指标虽然可以直接反映出企业净资产的增长幅度，但这种增长的来源，要应予区别。如果只是投资人增加了对企业的投资，并非企业自身盈利逐渐增加从而使得留存收益增加，那么就不能直接判断该企业的发展能力一定就强，只能说明是投资者对企业的投资信心增强，或是企业扩大规模的需要。只有企业自身不断创造价值，使得留存收益增加，才可以认为企业具有较好的发展能力。

（2）反映资本增值保值能力的指标

资本保值增值率是企业扣除客观因素后的本年末所有者权益总额与年初所有者权益总额的比率，反映企业当年资本通过经营活动而实际发生增减变动的情况，揭示了企业资本的运营效益与安全状况。

所有者权益由实收资本、资本公积、盈余公积和未分配利润构成，四个项目中任何一个变动都将引起所有者权益总额的变动。至少有两种情形并不反映真正意义的资本保值增值：一是本期投资者追加投资，使企业的实收资本增加，还可能产生资本溢价、资本折算差额，从而引起资本公积变动；二是本期接受外来捐赠、资产评估增值导致资本公积增加。

即便在既无投资者追加投入，又无接受捐赠和资产评估事项的情形下，资本保值增值率的计算方法仍有不合适之处。资本的增值不仅表现为期末账面结存的盈余公积和未分配利润的增加，还应当包含本期企业向投资者分配的利润，而分配了的利润不再包括在期末所有者权益中。所以不能简单地将期末所有者权益的增长理解为资本增值，将期末所有者权益未减少理解为资本保值。

资本保值增值率的计算公式为：

资本保值增值率＝扣除客观因素后的本年末所有者权益总额÷年初所有者权益总额×100%

资本保值增值率越高，表明企业的资本保全状况越好，所有者权益增长越快，债权人的债务越有保障，该指标通常情况下应当大于100%。

（3）反映资产增长能力的指标

资产是企业存在和发展的前提，是企业开展经营获取利润的基本保障，其增长情况是企业发展的重要表现形式。尤其是如果总资产报酬也在增长或保持稳定的情况下，企业的资产规模与收入规模之间就会存在着同向变动的关系。资产增长是企业成长的一个重要方面，发展能力强的企业一般都能保持资产的稳定增长。

反映企业发展能力的主要指标是总资产增长率,同时计算3年资产的平均增长率,可以通过资产情况判断企业的发展规模。

总资产增长率的计算公式是:

总资产增长率=(本年总资产增长额÷年初资产总额)×100%

其中:本年总资产增长额=年末资产总额−年初资产总额

仍通过上例中三家公司的总资产增长情况来分析他们的资产增长能力,如表9-22和图9-18所示。

表9-22 三家公司总资产增长率比较　　　　　　　　　　单位:元

年份	召栋公司		明哲公司		同峰公司	
	总资产金额	增长比率	总资产金额	增长比率	总资产金额	增长比率
2014	2416.84	—	304.78	—	954.87	—
2015	2817.68	16.59%	382.15	25.39%	1024.49	7.29%
2016	3514.84	24.74%	486.27	27.25%	1154.37	12.68%
2017	4035.67	14.82%	656.31	34.97%	1307.14	13.23%

通过表9-22可以看出,召栋公司总资产数额最大,同峰公司次之,明哲公司的总资产数额最小。但从3家公司总资产的增长幅度来说,似乎明哲公司的势头来得更为猛烈些。然而,要看一个公司的成长能力,光靠这些总资产的绝对数值,似乎还不能看得清楚,还需要对其增长能力进行比较。

图9-18 三家公司总资产增长率折线图

图9-18告诉我们,总资产增长率最好的仍是明哲公司,一路攀升,高高在上。尽管明哲公司家底微薄,但其成长势头锐不可当;而召栋公司的总资产增长率在经历了迅速攀升后,蓦然回落,说明其总资产突然锐减,其原因有待进一步分析。总体来说,同峰公司的资本积累率也在上升,幅度虽小却比较稳定,说明其发展恒定,稳中求升。

同样,为了剔除短期因素的影响,我们还要通过平均总资产增长率这

个指标来衡量,这样比较更为直观。仍以3年为期,平均总资产增长率的计算公式为:

$$3年平均总资产增长率 = \left(\sqrt[3]{\frac{年末资产总额}{3年前年末资产总额}} - 1\right) \times 100\%$$

三家公司的3年平均总资产增长率如表9-23、图9-19所示。

表9-23 三家公司的3年平均总资产增长率表

项目	召栋公司	明哲公司	同峰公司
3年平均总资产增长率	18.64%	29.13%	11.03%

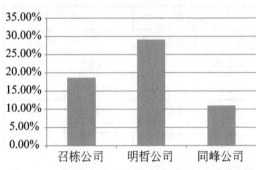

图9-19 三家公司3年平均总资产增长率柱状图

上述图表中可以非常直观地看出,明哲公司的3年平均总资产增长率远高于召栋公司和同峰公司,说明明哲公司的资产扩张能力很强,企业成长也很迅速。有时候,对于小型企业,由于各项基数较小,因而增长比率往往很快。对于规模较大的公司,即使增长的绝对值占有优势,但由于其基数较大,所以增长比率反而会显得较低。

企业的发展必定会促进资产的规模扩大,但资产增加不一定就能为企业直接带来利用效率的提升。资产只是为企业发展提供资源条件,能否充分利用资产,实现企业快速发展,还要取决于诸多因素。在考量企业总资产增长率时,要巧妙结合其他财务指标,透过现象看本质,摸清企业成长发展的内在力量。

(4)反映销售业绩增长能力的指标

产品销售,是企业实现经营价值的最重要手段。企业从货币资金到采购、生产,到产品销售,完成了一个完整的生产经营、货币增值、财富升值的过程。销售产品就是通过市场认同和使用,将产品变为资金,从而体现出企业经营过程所创造的价值。

衡量企业销售增长能力的主要指标是销售收入增长率。销售增长率是企业本年销售收入增长额与上年销售额之间的比率,该指标反映了企业销售的增减变动情况。

销售增长率的计算公式为：

销售增长率=（本年销售收入增长额÷上年销售收入）×100%

其中：本年销售收入增长额=本年销售收入−上年销售收入

再回到前面举例的三家公司，我们来看看这三家公司的销售情况，如表9-24和图9-20所示。

表9-24 三家公司销售增长率比较　　　　　　　　　　　单位：元

年份	召栋公司		明哲公司		同峰公司	
	销售收入金额	增长比率	销售收入金额	增长比率	销售收入金额	增长比率
2014	9843.24	—	1034.87	—	3215.31	—
2015	10947.35	11.22%	1217.89	17.69%	3632.21	12.97%
2016	12398.19	13.25%	1497.34	22.95%	4112.95	13.24%
2017	13507.84	8.95%	1868.99	24.82%	4730.91	15.02%

从表9-24可以看出，召栋公司销售收入最高，同峰公司不足其一半，明哲公司又不足同峰公司的一半。从增长绝对值来分析，召栋公司每年以千位的速度上涨，而同峰公司和明哲公司只以百位的速度上涨。好比一个寓言故事：蚂蚁找来一粒米，是它身体的4倍重，够它饱餐几顿。大象找到10千克的草，不够它半条腿重，只能吃个半饱。这样的两种动物是没有可比性的。销售分析也是一样，要看清一个企业的成长能力，要对其增长比率进行比较。

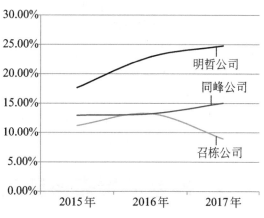

图9-20 三家公司销售增长率折线图

从图9-20我们可以看出，明哲公司的销售收入增长明显高于另两家公司；召栋公司的产品可能在2017年遭遇了市场或资金等因素的剧烈变动，导致其增长速度蓦地下滑；同峰公司则一直是稳中求升。

我们再通过平均销售增长率这个指标来衡量，以便更为直接地看出三家公司的销售增长情况。还是以3年为期，平均销售增长率的计算公式为：

$$3\text{年平均销售增长率} = \left(\sqrt[3]{\frac{\text{本年销售收入总额}}{3\text{年前销售收入总额}}} - 1\right) \times 100\%$$

三家公司的3年销售收入平均增长率如表9-25和图9-21所示。

表9-25 三家公司的3年销售收入平均增长率表

项目	召栋公司	明哲公司	同峰公司
3年销售收入平均增长率	11.13%	21.78%	13.74%

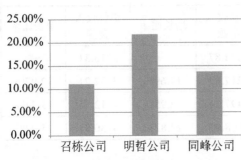

图9-21 三家公司3年销售收入平均增长率柱状图

图9-21如此直观地告诉我们，明哲公司的销售收入增长最快，虽然增量不如召栋公司和同峰公司，但其增长比率却是遥遥领先。从销售收入的增长比率可以看出，明哲公司的发展潜力很大，成长的远景非常乐观。同理，单凭销售增长率来考量一家企业的成长能力，也是不够的。

虽然销售能力是企业最重要的经营特征，但销售额所反映的毕竟只是企业实现了多少产品销售，至于销售成本、销售利润等在销售收入的占比中，并未考虑。

因此，销售增长率虽然是重要的评价指标，但绝不能一叶遮目，知其一不知其二，导致财务分析出现偏颇，甚至影响到各项投资或管理决策。

9.3 现金流量表诊断与分析

9.3.1 现金流量表分析的概念及作用

现金流量表通过显示企业经营中现金流量和对借款的依赖程度来判断企业生存现状，从而揭示企业存在的资金问题，如资金流是否充足，资金主要来源是经营活动、银行贷款，还是其他投资。

现金流量表主反映的是资产负债表中各个项目对现金流量的影响，并根据其用途将现金流量划分为经营、投资及筹资3类。前面我们提到过现金流量表的"三段论"，就是说企业的现金流基本由经营活动、投资活动以及筹资活动所产生的现金流构成的。因此，企业的现金流结构基本就由此三部分构成,如图9-22所示。

虽然这3种经济活动都能给企业带来现金,但却反映着不同的"造血"能力,每一种经济活动给企业所带来的意义都不尽相同。如果企业现金的主要来源是自己经营的业务,说明资金流充裕,能足够满足日常经营活动;如果主要来源于筹资活动,那么很有可能是在举债经营了。因此,我们要对现金流量表进行分析,分析不同渠道所获取现金的意义,以及它们对企业的影响。

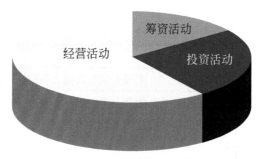

图9-22　企业现金流量的三个重要组成部分

案例 8

以优至公司2016年12月的现金流量表为例。优至公司2016年在经营方面取得了一定的业绩,现金流量表如表9-26所列。

表9-26　优至公司现金流量表

编制单位:优至公司　　　2016年12月31日　　　单位:元

项目	2016年末
一、经营活动产生的现金流量:	
销售商品、提供劳务收到的现金	278713.09
收到税费返还	
收到的其他与经营活动有关的现金	
现金流入小计	278713.09
购买商品、接受劳务支付的现金	157702.94
支付给职工对职工支付的现金	10003.58
支付的各项税费	5664.65
支付的其他与经营活动有关的现金	86239.62
现金流出小计	259610.79
经营活动产生的现金流量净额	19102.30
二、投资活动产生的现金流量:	
收回投资所收到的现金	
取得投资收益所收到的现金	

续表

项目	2016年末
处理固定资产、无形资产和其他长期资产收到的现金净额	
处置子公司及其他营业单位收到的现金净额	
收到的其他与投资活动有关的现金	
现金流入小计	
购建固定资产、无形资产和其他长期资产所支付的现金	32155.84
投资所支付的现金	
取得子公司及其他营业单位支付的现金净额	
支付的其他与投资活动有关的现金	
现金流出小计	32155.84
投资活动产生的现金流量净额	−32155.84
三、筹资活动产生的现金流量：	
吸收投资所收到的现金	
借款所收到的现金	50000.00
收到的其他与筹资活动有关的现金	
现金流入小计	50000.00
偿还债务所支付的现金	
分配股利或利润或偿付利息所支付的现金	3518.42
支付的其他与筹资活动有关的现金	
现金流出小计	3518.42
筹资活动产生的现金净流量净额	46481.58
四、汇率变动对现金的影响额	
五、现金及现金等价物净增加额	
加：期初现金及现金等价物余额	
六、期末现金及现金等价物余额	33428.04

单位负责人：　　　　　财务负责人：　　　　　制表人：

通过这张表可以清楚地看出，优至公司的经营活动、投资活动和筹资活动所产生的现金净流量。有了这些数据，我们便可以很容易地计算出3项活动的现金净流量比重及其内部结构的情况。

（1）现金流量表分析的概念

现金流量表分析是指对企业现金流量表上的有关数据进行比较、分析和研究，从而了解企业的财务状况，发现企业在财务方面存在的问题，预测企业未来的财务状况，为报表使用者的科学决策提供依据。

现金流量表提供了大量的有关现金流量的数据信息，而通过这些数据信息的加工并不能对企业的偿债能力做出准确评判，也不能据此做出决策。报表使用者应该根据自己的需要，运用各种专门的方法，对财务报表提供的数据资料进行进一步加工、整理、分析和研究，从中得出有用的信息，从而为决策提供精准的依据。

无论是企业的经营者还是投资者、债权人，或政府有关部门以及其他报表使用者，对现金流量表进行分析都具有其独特的重要意义。现金流量表的分析，可以了解企业本期及以前各期现金的流入、流出及结余情况，能够正确评价企业当前及未来的偿债能力和支付能力，发现企业在财务方面存在的问题，能够评价企业当期及以前各期取得的利润的质量，科学地预测企业未来的财务状况，从而为其科学决策提供充分的、有效的依据。

（2）现金流量表分析的作用

1）对经营活动现金流进行分析，便于了解企业的盈利能力、偿债能力以及营运能力

现金流量表与利润表不同，现金流量表是以现金收支为基础的，可以削弱在利润表上所体现的、由于会计核算采用的估计等所产生的获利能力及支付能力。现金流量表能够综合反映一定会计期间各项现金的流入与流出。分析经营活动产生的现金净流量，能够了解经营活动所产生的现金净流量是否满足需要。只有现金流入大于流出，才能加快企业的资金周转，增强抵御各种风险的能力，不至于面临资金链断裂的危机和风险。

2）对筹资活动现金流进行分析，便于评价企业的筹资能力及筹资结构的合理性

筹资能力和筹资环境也很重要，是企业管理者、债权人和投资人共同关注的问题。分析企业的筹资能力和筹资环境，能够帮助企业管理当局做出正确的经济决策和管理举措，能够帮助投资者和债权人做出正确的投资决策和合理诊断。因为融资活动的现金流量信息不仅关系到企业目前现金流量的多少，还涉及企业未来现金流量的多少，以及企业的资本结构和资金成本的问题。投资者和债权人在投资之前，会认真考虑投资风险的问题。

企业筹资产生的现金流量越多,说明企业财务状况越趋于良好或有着良好的发展前景;反之,很可能是财务状况恶化的表现。

3)对投资活动现金流进行分析,便于评价企业扩大经营的能力

一般地,投资活动是企业现金充裕、开辟新的利润增长点的表现。分析投资活动产生的现金流量,要考虑企业的预算和投资计划,要对应资产负债表中的长期投资及多年来的投资收益等相关情况进行分析,判断企业是否存在潜在风险。一些企业把增加对外投资、促进销售快速增长作为企业的战略和目标,但企业的快速增长往往需要消耗大量资源,如果长期投资增长过快而无力解决日益增长的资金短缺问题,企业就会出现资金支付困难的现象。因此,通过对现金流量表的分析,可以理性地分析、评价是否应维持或扩大经营。

4)结合资产负债表、损益表对现金流量表进行综合分析评价

现金流量表反映的只是企业一定期间现金流入和流出的情况,它既不能反映企业的盈利状况,也不能反映企业的资产负债状况。但现金流量表是连接资产负债表和损益表的纽带,利用现金流量表内的信息与资产负债表和损益表相结合,能够挖掘出更多重要的企业财务和经营状况信息,进而对企业的生产经营活动做出更加全面、客观和正确的评价。现金流量表、资产负债表及损益表构成了企业完整的会计报表信息体系,财务报表分析应有机地结合三张报表,从而得出较全面合理的结论。

5)对现金流量表进行分类,可以发现企业存在的问题

对现金流量表进行分类,可以分析经营活动现金净流量是否正常,分析现金购销比率是否正常,分析营业现金回笼率是否正常,分析支付给职工的现金比率是否正常,分析企业固定付现费用的支付能力等。

9.3.2 现金流量的3大事项诊断与分析

经营活动、投资活动和筹资活动是企业资金流的3个重要事项,对这3个事项进行分析,有助于理解企业现金流的来龙去脉,理解企业的资金支付能力,以及通过表象去发现隐藏在现金流量表中深层次实质性的真相。

(1)经营活动现金流量分析

在正常经营过程中,企业的经营性现金流量除了满足企业生产经营周转所需的资金外,还要能够补偿一次性支付受益期较长的资产的折旧或摊销(如固定资产折旧或无形资产摊销),以及支付企业借款的利息费用,还

有现金股利的支付。

固定资产是企业经营中的重大投资支出。固定资产投资额大、受益期长，一次支付，通过每期计提折旧将价值摊销到企业的经营成本中，再通过产品销售实现收入逐步收回投资。企业的现金流入应当能够补偿已计提固定资产的折旧额，如果只能满足企业日常周转支出，不能补偿折旧，那么企业的固定资产将难以得到更新，企业也无法进行再投资，就将制约企业的经营发展和规模扩大。

企业的借款利息支付在现金流量表中反映在筹资活动现金流量项目中，但企业偿还利息的资金还是来源于企业的经营性现金流入。如果企业借入资金不能带来高于支付利息的现金流出，那么企业将会面临较大的资金支付压力和财务风险。

企业股利支付的前提是企业有盈利，有可以支配的未分配利润，但如果企业没有足够的资金支付能力，投资人也只能望利兴叹了。企业经营现金的积累是企业现金股利支付的保证和基础。

1）分析经营活动对企业现金流量的贡献

企业经营活动现金流量是企业在经营中所获得或支付的现金流入、流出和现金的净流量，也是企业现金流量的主要来源。企业经营性现金流量在企业总体的现金流量中所占比重较大，说明企业的现金流主要来自于企业的经营活动，企业所采取的是经营性的筹资战略。这时，经营活动现金净流量对企业的现金净流量贡献较大，占有重要的地位。反之，若经营活动现金流量的比重不够大，则说明企业的现金流主要来自于外部投资（如对外发行股票）或对外借款（如向银行借款），企业采取的是证券或金融性的筹资战略。

2）分析经营活动的现金流入与流出

比较经营性现金的流入与流出，可以分析经营性现金净流量能否满足经营所需。经营性现金的流入大于流出时，说明企业的经营活动创造现金的能力比较强，可以满足企业的资金周转需要，但还不能说企业的资金支付能力很强。企业的经营性现金流入量必须能够补偿经营中的非付现成本，才能具备较强的支付能力。如果经营性现金的流入只是等于流出时，说明经营性现金只能满足日常经营需要，这种情况是不能对非付现成本进行补偿的，企业经营就将面临较大困难；如果经营性现金的流入小于流出，此时经营活动现金流入已不足以维持企业日常经营所需资金的支付。如果出现这种状况，就说明企业的经营情况较差，企业将会面临严重的财务风险。

在正常情况下，经营活动现金净流量＞财务费用＋本期折旧＋无形资产递延资产摊销＋待摊费用摊销＋预提费用提取。计算结果如为负数，表明该企业为亏损企业，经营的现金收入不能抵补有关支出。

3）分析评价企业销售业务的质量

企业经营现金的流入主要由企业的销售业务来提供，通过将经营现金流入和损益表上的营业收入进行比较，可以评价企业销售业务的质量。这项指标被称作营业现金回笼率，其计算公式为：

营业现金回笼率＝本期销售商品或出售劳务的现金流入÷本期营业收入×100%。

如果营业收入远远大于现金的流入，可能是因为货款没有及时收回，企业将面临较大的坏账损失风险，这提示企业应重新审视销售策略、客户的信用期限，并制订新的应收账款管理政策等。一般情况下，此项比率应在100%左右。如果低于95%，说明销售工作不正常；如果低于90%，说明可能存在比较严重的虚盈实亏，或者赊情现象过于严重。

4）分析评价企业利润的质量和现金流量的质量

经营活动现金流量净额其实就是企业在采用收付实现制方式下计算出来的净收益，通过比较现金流量净额可以评价企业现金流量的质量。如果企业的现金流量净额占企业净利润的比例较高，则企业的利润质量较好，因为净利润中包含的收益已被收回；比例较低则说明净利润中包含的一些收益没有被收回，利润质量不好。这项分析可以通过现金流量表的附表资料来实现。

5）分析经营活动现金流量数据的可靠性

通常情况下，企业的购销活动和信用政策在一年内会比较稳定，销售业务一般不会出现大起大落的情形，因此其经营活动现金流量年度内应保持一定的均衡性。通过对企业各个季度的现金流量表和年度现金流量表的经营活动现金流量进行对比，可以考察经营活动现金流量的均衡程度。如果生产规模和市场变化不大，说明经营活动现金流在一个较平缓的水平内稍有波动；如果忽高忽低，说明企业存在经营活动现金流量被粉饰的可能。

6）分析企业扩大再生产的资金宽松政策

一是分析现金流量资本支出比率。该指标的公式为：

现金流量资本支出比率＝经营活动产生的现金净流量÷资本性支出

其中，资本性支出是指企业购建固定资产、无形资产或其他长期资产所发生的现金支出。该指标用来评价企业运用经营活动现金流量维持或扩大经营规模的能力。该指标越大，说明越能满足扩大再生产的资金需求，经营活动现金流量的品质也越好。

二是分析到期债务偿付比率。该指标的公式为：

到期债务偿付比率＝经营活动产生的现金净流量÷（到期债务本金＋本期债务利息）

该指标反映企业运用经营活动现金流量偿付到期债务本息的实际水平。比率若小于1，说明企业债务到期时无力偿还，企业必须依靠其他方面资金的及时注入。

7）分析经营活动现金流的内部结构

一是分析经营活动现金流入量结构比率。该指标的公式是：

经营活动现金流入量结构比率＝销售商品、提供劳务收到的现金÷经营活动产生的现金流入量

该指标揭示了企业经营活动现金流量的主要来源和实际构成。比率高，说明企业主营业务活动流入的现金明显高于其他经营活动流入的现金，企业经营活动现金流入量结构比较合理。反之，说明企业主营业务活动的创现能力不强，大部分资金由其他业务活动提供。

二是分析经营活动现金流出量结构比率，该指标的公式为：

经营活动现金流出量结构比率＝购买商品、接受劳务支付的现金÷经营活动产生的现金流出量

企业经营活动现金流出量中，用于购买商品、接受劳务支付现金的多少，将直接决定未来销售商品、提供劳务收到现金的多少。通过该比率分析，能确认企业当期经营活动现金流出量结构是否合理，企业当期有无大额异常的现金流出等，从而对关联方占用企业资金的情况进行有效识别，对企业以后各期现金流入的主营业务活动做出合理的估计。

8）分析企业经营活动的发展趋势

经营活动现金流量成长比率是用来衡量企业经营活动现金流量成长性的指标，其计算公式为：

经营活动现金流量成长比率＝本期经营活动产生的现金净流量÷基期经营活动产生的现金净流量

显然，该指标反映了企业经营活动现金净流量的具体增减变动情况和变化趋势。该比率越大，表明企业经营活动现金流量的发展趋势越好，越有前景，越有利于企业扩大经营规模、提升生产能力。

9）分析现金购销比率是否正常

现金购销比率反映了企业经营业务中现金流入与流出的关系。其计算

公式为：

现金购销比率＝购买商品接受劳务支付的现金÷销售商品出售劳务收到的现金

一般情况下，这一比率应接近于商品销售成本率。如果购销比率不正常会对企业产生不利影响。

10）分析支付给员工的现金比率是否正常

支付给员工的现金比率反映了实际支付员工工资在现金流入中的比重。其公式为：

支付给员工的现金比率＝用于员工的各项现金支出÷销售品出售劳务收回的现金

这一比率可以与企业过去的情况比较，也可以与同行业的情况比较。如比率过大，可能是人力资源有浪费，劳动效率下降或者由于分配政策失控，员工收益分配的比例大；如比率过小，反映员工的收益偏低。

（2）投资活动现金流量分析

企业的投资活动往往有这么几种：一是为企业生产经营奠定基础，如购建固定资产、无形资产和其他长期资产等必须做出的投资；二是为企业对外扩张和其他发展性目的进行权益性投资和债权性投资；三是利用企业暂时不用的闲置货币资金进行短期投资，以求获得较高的投资收益。前两个目的一般与企业的长期规划和短期计划相一致，后一个目的是企业的一种短期的理财手段。

投资活动产生的现金流量主要包括购建和处置固定资产、无形资产等长期资产，以及取得和收回不包括在现金等价物范围内的各种股权与债权投资等收到和付出的现金。其中，分得股利或利润、取得债券利息收入而流入的现金，是以实际收到为准，而不是以权益归属或取得收款权为准。显然，这与利润表中确认投资收益的标准不同。利润表按权益法确认本年度投资收益，但若关联公司没有立即分配利润，就没有相应的现金流进企业，企业就不能在当年的现金流量表中将此项投资收益作为投资活动现金流入反映。分析公司投资活动中发生的各项现金流出，往往可以从中大致了解公司的投资方向。

当企业扩大规模或开辟新的利润增长点时，需要大量的现金投入，投资活动产生的现金流入量补偿不了流出量，投资活动现金净流量为负数。导致投资活动现金流量净额出现负数是正常的，是为了公司的长远利益，为了以后能有较高的盈利水平和稳定的现金流入。当然，错误的投资决策必定会事与愿违，所以特别要求投资的项目能如期产生经济效益和现金流入。倘若企业投资有效，会在未来产生现金净流入用以偿还债务，创造收益，企业不会有偿债困难。因此，分析投资活动现金流量，应结合企业目前的投资项目进行，不能简单地以现金净流入还是净流出来论优劣。

1）投资活动产生的现金流量净额小于零

企业投资活动产生的现金流量净额小于零，表明企业投资活动产生的现金流入小于投资活动的现金流出。处于初创或是扩展期的企业，通常会购建较多的固定资产或无形资产，会导致投资活动现金流出量大于流入量。在这种情况下，投资活动产生的现金流量为负数，但并不意味着企业的财务风险大。

2）投资活动产生的现金流量净额等于或大于零

当一个企业的投资活动所产生的现金流量净额等于或大于零时，往往是因为企业在整个会计期间投资回收的金额总数等于或大于投资支出的金额总数，又或者是因为本企业急于将企业手中的长期资产变现为周转资金，来保证企业在经营活动和筹资活动过程中不出现资金缺乏的紧急情况。这种情况也不总是意味着企业财务状况很好，需要具体分析投资活动现金流量变化的内在原因。

3）分析对内投资产生的现金流量

通常，公司要发展，长期资产的规模必然要增长。投资活动中对内投资的现金净流出量大幅度提高，往往意味着企业面临着一个新的发展机遇，或是新的投资机会；反之，如果公司对内投资中的现金净流入量大幅增加，表示该公司正常的经营活动没有能够充分地吸纳其现有的资金。

4）分析对外投资产生的现金流量

企业对外投资产生的现金净流入量大幅度增加时，说明企业正处于大量收回对外投资额的时期，可能是企业内部的经营活动需要大量资金，也可能是企业内部现有的资金不能满足经营活动的资金需要。当一个企业当期对外投资活动的现金净流出量大量增加时，说明该企业的经营活动没有能够充分地吸纳企业富足的资金，从而游离出大笔资金，只有通过对外投资为其寻求获利机会。

5）分析对内对外投资的结构变化

如果公司的投资活动产生的现金净流量不大，只是对内投资与对外投资之间产生结构性变化，则比较直观。当公司对内投资的现金净流出量大幅度增长，即对外长期投资的现金净流入量大幅度增长，可能是公司获得了新的市场机会，一时不能从公司外部筹集到足够的资金，只有收回对外投资；反之，倘若对外投资现金净流出量大幅度增加，说明公司正在缩小内部经营规模，将游离出来的资金对外投资，寻求适当的获利机会。

实际上在分析投资活动产生的现金流量时，还应该联系到筹资活动产生的现金流量来综合考查。在经营活动产生的现金流量不变时，如果投资活动的现金净流出量主要依靠筹资活动产生的现金净流入量来解决，这就说明公司的规模扩大主要是通过从外部筹资来完成的，意味着企业正在进一步扩张。

（3）筹资活动现金流量分析

筹资活动是指企业对外筹集资金，致使企业资本总量、债务规模以及筹资结构发生变化的活动，包括吸收投资、发行股票、借入和偿还资金、分配利润等活动。利润分配也属于企业的筹资活动。当企业对本期实现的利润减少向投资者分配或者不分配，实际上就相当于变相地向投资者筹集资金。企业筹资活动的现金流量，不仅关系到企业目前现金流量的多少，而且还将关系到企业未来现金流量的大小，关系到企业资本结构和资金成本的变化。

分析公司的现金流量表，从现金流量表上"筹资活动产生的现金流量"项目中，可以了解该公司的筹资活动。

1）筹资活动产生的现金流量净额小于零

当一个企业在筹资活动中产生的现金流量净额小于零时，通常是因为企业在当期偿还债务或是支付股利、利息的金额较大，而接受投资或是借款收到的现金较小而导致的。仅从筹资活动产生的现金流量净额小于零来判断企业面临的财务风险并不准确，还要结合企业所处的时期。对于一个初创企业，一般情况下应该是大力吸收投资或是寻求各种借款，此时筹资活动产生的现金流入量应该大于流出量，如果此时出现筹资活动产生的现金流量净额小于零，那可能是不太乐观的情况；对于一个处于成熟期的企业，其经营活动已经能够产生足够的现金流量，此时企业不需要更多的筹资，而是有可能要支付之前借入的各种款项，支付利息、股利等，筹资活动产生的现金流量净额为负数是一种很正常的情况。

2）筹资活动产生的现金流量净额等于或大于零

当一个企业在筹资活动中产生的现金流量净额等于或大于零时，反映了企业通过发行股票、债券、银行借款等方式形成的现金流入量大于或等于企业当期支付各种筹资费用、股利分配、利息支出等形成的现金流出量。

这时分析企业所面临的财务风险程度,需要同时考虑企业是否有与筹资计划相匹配的长期发展战略,而且已经全面地考虑到未来的筹资活动。企业应该以经营活动为主,以扩大投资活动为辅,将主动筹资行为作为企业的管理目标,而不是等到企业发生不正当的经营活动和投资活动时再筹资,那样就可能导致企业无法控制现金流出情况,不得不做出被动的筹资行为。

3)筹资活动的现金流入量大幅增加

如果筹资活动的现金净流入量大幅度增加,说明企业在扩大其经营规模,而公司现有的资金能力不足以满足经营所需,或是企业发展需要从外部筹集资金;如果筹资活动的现金净流出量大幅度增加,则说明当期大量的现金流出企业,企业的规模在收缩。对上市公司来说,除了与其他企业一样具有贷款等间接融资功能外,还有一项特有的在证券市场上直接融资的功能。如果某一会计期间某上市公司实现了在股市上的融资,将会使企业本期筹资活动的现金流入量大幅增加。

4)筹资活动现金流量的内部结构

企业筹资活动取得的现金,主要是吸收权益性投资所收到的现金和借款所收到的现金。如果是吸收投资收到大量现金,这是企业资金实力增强的最理想途径,也是企业财务状况获得明显改善的表示。可以进一步查看企业由此而使资产负债率下降多少,从而得知企业经营风险的下降幅度;也可以进一步查看企业的营运资本增加多少,从而知道企业经营活动资金的改善状况。

如果是借款收到现金的增加,再和偿还债务所支付的现金进行比较,一方面,可以看出企业的当期负债是否增加,财务风险是否加大;另一方面,可以看出企业处于还债期还是借款期。偿还债务支付的现金大于借款所收到的现金,表示企业当期是还债,由此可以和企业借款合计进行比较,看企业的还债速度和未来还债还需要多长时间。

5)分析支付股利的资金来源

如果企业当期支付股利、分配利润支付了大量现金,一方面说明企业给予投资者以现金回报,企业权益性融资将变得比较容易;另一方面要看这些资金主要来自于哪里。如果当期经营活动出现大量正的现金流,并且利润分配所支付的现金小于经营活动创造的现金净流量,则这种利润分配是合理的正常的。如果经营活动并不产生正的现金净流量,投资收益收取的现金也低于分配利润所支付的现金,则说明企业利润分配的资金可能依赖于其他一次性的现金流入活动,是不太正常的。

6）分析筹资活动的财务杠杆作用

如果企业能利用财务杠杆，发挥筹资作用，增加资本利得，则筹资活动产生的现金流入是利好；反之，则是利空。企业的筹资活动产生的现金流入主要用于两个方面：一是支持生产经营；二是用于投资。因此，要分析企业筹资活动的影响是正面的还是负面的，也应从两个方面着手，即企业现有净资产收益率分析和投资活动前景分析。若现有企业净资产收益率低于银行利率，则影响是负面的，它显示公司创利能力弱到甚至不足以偿付银行利息，这是一个非常危险的信号。

9.3.3 现金流量表结构诊断与分析

我们已经知道，企业的现金流量由经营活动产生的现金流量、投资活动产生的现金流量和筹资活动产生的现金流量三部分构成。通过分析现金流量的结构，我们可以了解企业现金的来龙去脉和现金收支构成，评价企业经营状况、创现能力、筹资能力和资金实力。

9.3.3.1 现金流量内部结构分析

（1）经营活动产生的现金流量分析

① 将销售商品、提供劳务收到的现金与购进商品、接受劳务付出的现金进行比较。在企业经营正常、购销平衡的情况下，两者比较是有意义的。比率越大，越能说明企业的销售利润大，销售回款良好，创现能力强。

② 将销售商品、提供劳务收到的现金与经营活动流入的现金总额比较，可大致说明企业产品销售现款占经营活动流入的现金的比重有多大。比重大，说明企业主营业务突出，营销状况良好。

③ 将本期经营活动现金净流量与上期比较，增长率越高，说明企业的成长性越好。

（2）投资活动产生的现金流量分析

当企业扩大生产规模或开辟新的利润增长点时，必定需要大量的现金投入。而投资活动产生的现金流入量往往补偿不了流出量，投资活动现金净流量会出现负数。但如果企业投资前景可观，便会在未来产生现金净流入用于偿还债务，实现可观的经济效益，企业不会有偿债困难。因此，分析投资活动现金流量，应结合企业目前的投资项目进行，不能简单地以现金净流入还是净流出来论优劣。

（3）筹资活动产生的现金流量分析

一般来说，筹资活动产生的现金净流量越大，企业面临的偿债压力也越大，但如果现金净流入量主要来自于企业吸收的权益性资本，那么不仅不会面临偿债压力，资金实力反而增强。因此，在分析时，可将吸收权益性资本收到的现金与筹资活动现金总流入比较，吸收权益性资本所占比重大，说明企业资金实力增强，财务风险降低。

（4）现金流量构成分析

首先，分别计算经营活动现金流入、投资活动现金流入和筹资活动现金流入占现金总流入的比重，了解现金流量的主要来源。一般来说，经营活动现金流入占现金总流入比重大的企业，经营状况比较好，财务风险比较低，现金流入结构比较合理。其次，分别计算经营活动现金支出、投资活动现金支出和筹资活动现金支出占现金总流出的比重，它能具体反映企业的现金用于哪些方面。一般来说，经营活动现金支出比重大的企业，其生产经营状况正常，现金支出结构较为合理。

那么，该如何进行经营活动现金流量分析呢？具体可结合以下两个方面。

（1）结合损益表分析现金流量

1）比较分析经营活动现金净流量与净利润

经营活动现金净流量与净利润比较，能在一定程度上反映企业利润的质量。就是说，企业每实现1元的账面利润中，有多少现金在支撑。比率越高，说明利润的质量越高。但这一指标只有在企业经营正常，既创造利润又赢得现金净流量时才具有可比性，此时分析这一比率才富有意义。为了保持与经营活动现金净流量的计算口径一致，净利润指标应剔除投资收益和筹资费用。

2）比较销售商品、提供劳务收到的现金与主营业务收入

销售商品、提供劳务收到的现金与主营业务收入比较，可以大致说明企业销售回收现金的情况及企业销售的质量。比重越大，说明销售收入实现后所增加的资产转换现金速度越快，质量越高。

3）比较分得股利或利润及取得债券利息收入所得到的现金与投资收益

这两者进行比较，能够大致反映企业账面投资收益的质量。比率越高，说明投资的实际收益越高，投资效率越好，投资的项目越有发展前景。

（2）结合资产负债表分析现金流量

1）比较分析经营活动现金净流量与流动负债

两者相比可以反映企业经营活动获得现金偿还短期债务的能力。比率

越大，说明偿债能力越强。

2）比较经营活动现金净流量与全部债务

两者相比可以反映企业用经营活动中所获现金偿还全部债务的能力。比率越大，说明企业承担债务的能力越强。

3）比较现金（含现金等价物）期末余额与流动负债

两者相比可以反映企业直接支付债务的能力。比率越高，说明企业偿债能力越大。但由于现金收益性差，这一比率也并非越大越好。

4）比较每股经营活动现金净流量与总股本

两者相比可以反映每股资本获取现金净流量的能力。比率越高，说明企业支付股利的能力越强。

5）比较经营活动现金净流量与净资产之比

两者相比可以反映投资者投入资本创造现金的能力。比率越高，创现能力越强。要保持口径一致，净利润指标应剔除投资收益和筹资费用。

案例 9

接下来对优至公司2016年12月的现金流量表进行分析，现金流量的结构比率如表9-27所列。

表9-27　优至公司2016年12月的现金流量结构比率

比较指标	项目	金额（元）	占比
现金净流量内部结构	经营活动产生的现金流量净额	19102.30	57.14%
	投资活动产生的现金流量净额	-32155.84	-96.19%
	筹资活动产生的现金净流量净额	46481.58	139.05%
	汇率变动对现金的影响额		0.00%
	现金及现金等价物净增加额	33428.04	100.00%
现金流入内部结构	经营活动产生的现金流入	278713.09	84.79%
	投资活动产生的现金流入	0.00	0.00%
	筹资活动产生的现金流入	50000.00	15.21%
	现金流入合计	328713.09	100.00%
现金流出内部结构	经营活动产生的现金流出	259610.79	87.92%
	投资活动产生的现金流出	32155.84	10.89%
	筹资活动产生的现金流出	3518.42	1.19%
	现金流出合计	295285.05	100.00%

续表

比较指标	项目	金额（元）	占比
比较经营现金净流量与净利润	经营活动产生的现金流量净额	19102.30	131.04%
	净利润	14577.78	
资金回笼率	销售商品、提供劳务收到的现金	278713.09	103.82%
	主营业务收入	268461.84	
比较经营现金净流量与全部负债	经营活动产生的现金流量净额	19102.30	19.30%
	全部负债	98990.26	
比较经营现金净流量与流动负债	经营活动产生的现金流量净额	19102.30	19.30%
	流动负债	98990.26	
比较现金余额与流动负债	期末现金及现金等价物余额	33428.04	33.77%
	流动负债	98990.26	
比较经营活动现金净流量与净资产之比	销售商品、提供劳务收到的现金	278713.09	239.79%
	净资产	116232.10	

9.3.3.2 现金流量表比率分析

现金流量表的一个显著特点是将不同企业的经营活动统一用现金流量这一概念来表示，剔除了因行业、资产的变现能力等因素对企业支付能力、偿债能力等的影响，便于使用者在不同行业之间进行比较。

（1）企业盈利质量分析方法

盈利质量是指企业赚取利润的能力，是企业经营业绩的重要体现。之前我们谈到了企业盈利能力分析，其方法主要是以利润表和资产负债表为基础，以权责发生制为计算原则，对企业在一定时期内赚取利润的能力进行评价。然而基于利润表和资产负债表上的盈利能力分析由于以权责发生制为原则，因而并不能够全面准确地反映企业经营成果和财务状况，应当在盈利能力指标的基础上，引入以收付实现制为计算原则，以现金流量表内数据为基本依据的现金流量指标，才能对企业盈利能力做到进一步的完善，以及更准确、多视角的综合分析。

盈利质量分析是指企业根据经营活动现金净流量与净利润、资本支出等之间的关系，揭示企业保持现有经营水平，创造未来盈利能力的一种分析方法。

1）盈利现金比率

盈利现金比率是衡量企业盈利质量的基本指标。其计算公式为：

$$盈利现金比率 = 现金净流量 \div 净利润 \times 100\%$$

一般地，该指标越高，说明企业盈利质量越好。但由于现金净流量可能是由投资或者筹资活动带来的，在这种情况下，该指标只有与其他的指标相结合，才能看出企业的盈利质量是否真的好。

2）经营盈利现金比率

经营盈利现金比率是用来衡量企业获取的利润中有多少是从经营活动中获得的、可以随时使用的现金。其计算公式为：

$$经营盈利现金比率 = 经营活动现金净流量 \div 净利润 \times 100\%$$

一般来讲，该比率越大，企业盈利质量越强。若该比率小于1，说明企业本期净利润中存在未实现的现金收入，即使盈利，也可能发生现金短缺，严重时亦可导致亏损。分析时可参考应收账款，若本期增幅较大，需及时改进相关政策，确保应收款按时回收，消除潜在风险。

3）销售现金收入比率

该比率反映了企业的收入质量，其计算公式为：

$$销售现金收入比率 = 销售商品提供劳务收到现金 \div 销售收入 \times 100\%$$

一般地，该比率越高，说明收入质量越高。但是当比值很大时，说明本期可能收到以前期间的应收账款，所以该比率也要与资产负债表的应收账款相结合。但是当比值很小时，企业的经营管理肯定就存在问题了，企业的利润也会虚增。

4）再投资比率

该比率反映企业当期经营净现金流量是否足以支付资本性支出（固定资产投资）所需现金。其计算公式为：

$$再投资比率 = 经营现金净流量 \div 资本性支出$$

一般来讲，该比率越高，说明企业扩大生产规模、创造未来现金流量或利润的能力就越强；若小于1，说明企业资本性支出包含融资以弥补支出的不足。

（2）企业偿债能力分析方法

企业生产经营时，为了弥补自有资金不足，难免要通过举债来筹集部分生产经营资金。但是，举债的前提是有能力偿还。企业债权人特别是银行等金融机构和基金会等非金融机构以及债券投资者，出借资金的目的都是为了赚取利息收入。如果债务人到期不能还本付息,那么债权人不仅不能从这种资金借贷中获取预期的收益,反而会遭受一定的损失。所以,企业债权人、股东、企业管理者或其他信息使用者都要通过现金流量表来分析企业的偿债能力。

企业偿债能力分析是债权人做出贷款决策前的重要参考依据。同时因为债权人的类型不同,债权人会从自身的角度出发,对企业进行短期或长期偿债能力的分析,获取符合自己关注的指标。

1)现金比率

企业能提供现金偿还流动负债的,是企业所拥有的所有货币资金。企业现金资产与流动负债的比较,就是现金比率。现金资产包括货币资金、交易性金融资产等。现金比率是衡量企业短期偿债能力的重要指标,表示企业偿还即将到期的债务的能力。其计算公式为:

现金比率=(货币资金+交易性金融资产)÷流动负债总额×100%

对于债权人来说,现金比率总是越高越好。现金比率越高,说明企业的短期偿债能力越强;反之则越弱。

2)现金流动负债比率

企业的流动负债大多是由企业经营活动所形成,所以用现金流动负债比率指标能很好地反映企业偿还流动负债的能力。现金流动负债比率是用现金流量表中经营活动现金净流量与企业的流动负债进行比较。其计算公式为:

现金流动负债比率=经营现金净流量÷流动负债×100%

现金流动负债比率与流动比率和速动比率相比,现金资产更具有付现能力,现金流动负债比率更能反映出企业的短期偿债能力。

3)现金到期债务比率

这个指标是用来反映企业在面对当务之急的到期债务时所具有的偿还能力。其计算公式为:

现金到期债务比率=经营现金净流量÷本期到期债务×100%

本期到期债务包括长期债务和应付票据,不包括短期借款和应付账款。该指标反映了企业独立的到期债务支付能力。

4)现金债务总额比率

不管是流动负债还是长期负债,都是企业需要用现金确实支付的债务。所以,仅仅考虑流动负债的偿还能力是不全面的,还需要衡量企业偿还所有债务的能力。现金债务总额比率便考虑了这个因素,反映了企业当年现金净流量负荷债务总额的能力,可衡量当年现金净流量对全部债务偿还的满足程度。它是评价企业中长期偿债能力的重要指标,同时也是预测公司破产的重要指标。其计算公式为:

现金债务总额比率=经营活动现金净额÷本期债务总额×100%

比率越高,说明企业能够更好地偿还即将到期的债务。这一指标能很好地衡量企业债务偿还的安全程度。

(3)企业支付水平分析方法

支付能力是指企业除了用现金偿还债务外,用现金支付其他各项开支,如购买原材料、包装物、低值易耗品和商品等、支付各种经营活动支出、支付职工工资、支付税金、支付内外投资及支付股利等的能力。

通常对企业支付能力的分析,可以从以下两个方面进行。

1)普通股每股净现金流量

普通股每股现金流量是显示企业发行在外每股普通股的资金流量。从短期观点来看,每股现金流量比每股盈余更能显示企业从事资本性支出及支付股利的能力。通常它比每股盈余要高。一般地,企业从正常经营活动中产生的现金净流量通常高于企业净利润,因为企业正常经营活动所产生的现金净流量还会包括一些从利润中扣除但又不影响现金流出的费用调整项目,如折旧费用等。普通股每股现金流量指标是指经营活动现金净流量与流通在外的普通股股数之比,用来反映企业支付股利和资本支出的能力。其计算公式如下:

普通股每股现金流量=经营活动净现金流量÷流通在外普通股股数

该式中流通在外的普通股股数指的是全年流通在外加权平均普通股股数,而并不是年底流通在外的普通股股数,因为后者未必对全年的现金流量有贡献。该数值最好与计算每股盈余时所用到的发生在外的股数相同,这样有利于分析者将这两个指标相互对比,还可以避免指标的歪曲。

每股现金流量越高,表示企业的每股普通股在一个会计年度中所赚得的现金流量越多,企业支付股利的能力越高。反之,则每股普通股所赚得的现金流量越少,企业支付股利的能力越低。

2)支付现金股利的净现金流量

该比率可以显示出企业用当期正常经营活动所产生的现金流量来支付现金股利的能力,用来反映企业年度内使用经营活动净现金流量支付现金股利的能力。计算公式为：

　　支付现金股利的净现金流量=经营活动的净现金流量÷现金股利

分母中的现金股利包括普通股和优先股股利。该项比率越高，企业支付现金股利的能力越强。但是这并不意味着投资者每股就能够获取较多的股利，因为股利的发放与企业管理当局的股利政策以及他们对投资者的态度有关。如果管理当局无意于发放股利，而偏好于投资，以期获得较高的投资收益，那么上述这项比率指标的效用就不是很大。因此，这个指标只是对财务分析者起参考作用。

9.3.3.3　现金流量表趋势分析

趋势分析法是通过观察连续多期的财务报表，比较各个时期的有关项目金额，分析某些指标的增减变动情况，在这个基础上判断企业的发展趋势，对将来可能会出现的结果做出预测的一种方法。运用趋势分析法，企业经营者可以了解相关项目变动的方向和趋势，判断这种变动趋势的利弊，从而对企业的未来发展做出预测。

趋势分析法通常采用编制历年财务报表的方法，将连续多年的财务报表（至少是最近二到三年，甚至连续十年）加以分析研究，观察财务指标的发展规律和变化趋势。比起单单看一个期间的财务报表，观察研究连续多期的财务报表，可以了解到更多的财务信息，更有利于分析企业财务变化的趋势。

（1）趋势分析应注意的事项

在采用趋势分析法时，应注意以下问题：

1）对比不同时期的财务指标，在计算口径上必须保持一致。

在对比不同时期的财务指标时，必须保持计算口径的一致。比如在对比员工工资时，要么都以税前工资进行对比，要么都以税后工资进行对比，否则便失去了对比的意义，也不能得出相关的结论。当计算口径保持一致时，便可以从对比中找到差异，分析原因，得出结论。

2）剔除偶发项目的影响，使用作分析的数据能反映正常经营状况。

企业在不同时期，可能会存在某些偶然。这种偶然因素，或许会波及企业的业绩和指标。在进行趋势分析时，应当剔除这些偶然因素，尽可能将企业的业绩指标恢复在正常情况下。比如2008年的现金净流量发生了增加，其中一个重要原因是捐款给汶川大地震的灾区人民，而这项捐款在往年是没有的。那么在进行现金流量趋势分析时，必须剔除这个偶然因素，使得研究趋势具有可行性。

3）重点分析某项有显著变化的指标，研究其变动原因，以采取对策，趋利避害。

在进行趋势分析时，要善于捕捉敏感信息。对于那些变化显著的指标，一定要仔细琢磨其变动的原因，并据此作出准确判断，制定出科学合理的决策。若是忽略了这些显著变化，就有可有错过了企业的关键性指标，忽略对企业影响巨大的因素，从而使决策有失偏颇。

（2）不同时期的趋势差异分析

任何事物都有其发展的必然规律，企业的现金流也一样。现金是企业发展的"血液"，在不同的发展阶段，其经营活动、投资活动和筹资活动产生的现金流量在企业当期的总现金流量中的比例是有差异的。

① 处于筹建期或投产期的企业，经营活动现金流量较少，筹资活动的现金流量较多。这是因为企业在刚创业时，需要筹集大量的资金用于建造厂房、购买机器设备等，而此阶段的产品尚未形成，或市场介入程度不够，其经营活动现金流入量相对于筹资活动和投资活动，就显得很不足。

② 处于成熟期的企业一般正好相反，经营活动现金流量是企业现金流量的主要力量，筹资活动和投资活动发生的现金流量不会多，且筹资投资业务都会直接或间接地影响着经营活动现金流量。当一个企业步入正轨后，除非有好的项目，一般不会再出现像筹建期那样的"大兴土木"，所以其投资活动的现金流量就很少。对应地，其筹资活动现金流量也较少。此时企业的主要任务是生产，即主要现金流量都体现在经营活动中。

（3）趋势分析的局限性

趋势分析法是指将两个或两个以上会计期间的财务报表中的相同项目进行比较分析，分析其变动原因和变动方向，以揭示财务状况和经营成果的变动趋势。其重点在于比较不同期间同一项目的变动情况。但其存在的主要问题如下。

① 如果当年的经营出现拐点，将造成不同时期的财务报表可能不具有可比性。

② 趋势预测法因突出时间序列暂不考虑外界因素影响，因而存在着预测误差的缺陷，当遇到外界发生较大变化时，往往会有较大偏差。

③ 只是分析现金流量表有失全面性，必须与利润表相对比，才可以看出在权责发生制和收付实现制条件下现金净流量与净利润的差别。

9.4 所有者权益变动表诊断与分析

9.4.1 所有者权益变动表的项目诊断

引起所有者权益增减变动的原因主要包括实收资本（或股本）、资本公积、盈余公积以及利润分配的增加或减少。所有者权益变动表的项目分析就是要分析所有者权益总额及各个项目的增减金额和增减百分比，以便对所有者权益的变动情况做总体地了解，从而可以进一步掌握企业的偿债保证能力、会计政策以及企业自我积累、融通资金的能力。

（1）实收资本变化

实收资本（或者股本）的增加包括资本公积转入、盈余公积转入、利润分配转入和发行新股等多种渠道。前三种是企业内部结构的调整，并不会引起所有者权益总量的增加，但会引起股票价格的稀释。发行新股是为了吸纳新股本，使企业资产和所有者权益的总额发生变化，能够为企业的发展注入新的活力。

（2）资本公积变化

资本公积是指企业投资者所共有的、非收益转化而形成的资本。资本公积是企业来源于盈利以外的那部分积累，是企业的"准资本"。资本公积的唯一用途是用来依法转增资本，不可以作为投资利润或股利进行分配。企业按法定程序将资本公积转增资本，属于所有者权益内部结构的变化，并不改变所有者权益的总额，一般也不会改变每一位投资者在所有者权益总额中所占的份额。

资本公积增加的原因包括资本（股本）溢价和其他资本公积；资本公积减少的原因主要是转增资本。

（3）盈余公积变化

盈余公积是指企业按照规定从税后利润中提取的积累资金。企业盈余公积的用途，主要用于以下几个方面：一是弥补亏损。企业发生的年度亏损，应由企业自行弥补；二是扩大企业经营规模或转增资本金。转增资本后，所留有的该资本公积金不得少于注册资本的25%；三是分配股利。原则上企业当年没有利润，不得分配股利，如为了维护企业信誉，用盈余公积分配股利，必须符合下列条件：①用盈余公积弥补亏损后，该项公积金仍有结余；②用盈余公积分配股利时，股利率不能太高；③分配股利后，法定盈余公积金不得低于注册资本的25%。

（4）利润分配变化

利润分配实际上体现的是企业资金积累与消费的比例关系。企业盈利时，其净资产会增加，对应地，所有者权益也会随之增加；如果企业亏损，或者在盈利时向股东分配利润的话，企业净资产会减少，其所有者权益也会相应地减少。

9.4.2 所有者权益变动表分析指标

所有者权益变动表的指标分析，是对企业期末与期初的所有者权益进行比较，以及所有者权益项目与利润表相关项目进行比较，分析股东的权益是否能够保值增值，是否能够获得良好的盈利能力。所有者权益变动表的分析，对投资者来说尤为重要，也给财报使用者提供了有效的参考依据。

所有者权益变动表的分析指标有资本保值增值率、所有者财富增长率、股利分配率和留存收益比率等。

（1）资本保值增值指标

考核企业资本保值增值的主要指标是资本保值增值率和所有者财富增长率。

1）资本保值增值率

资本保值增值率是企业期末所有者权益与期初所有者权益的比率。这个指标反映了企业在一定会计期间内资本保值增值的水平，是考核和评价企业经营效绩的重要依据。其计算公式为：

资本保值增值率＝（期末所有者权益÷期初所有者权益）×100%

这个指标容易解读。当一个企业的资本保值增值率大于1时，说明资本得到了保值，甚至有所增值。所有者权益每年都能有所增长，企业才可能不断进步。资本保值增值率若小于1，说明资本未能保值，且存在差值，企业在逐步萎缩。

2）所有者财富增长率

所有者财富增长率是指企业在实收资本（或股本）一定的情况下，附加资本的增长能力。其计算公式为：

所有者财富增长率＝（期末每元实收资本净资产－期初每元实收资本净资产）÷期初每元实收资本净资产×100%

其中：每元实收资本净资产＝当期企业净资产÷股本总额

所有者财富增长率体现了所有者的投资效益，是企业投资者或潜在投资者最为关注的指标。这个指标能直观地告诉投资者，这一年度所有者财富的增长能力。同时，这项指标还可以用作企业所有者对经营者的考核依据。

（2）企业股利分配指标分析

投资人最关心的自然是分派股利，投出的资本能收回多少收益。能收回多少收益，完全取决于企业的股利分配政策。企业的股利分配政策取决于企业的决策，分与不分，分多分少，企业会根据自身的盈利或现金流量情况给予决定。而对于报表使用者而言，可以通过股利分配率和留存收益比率这两个股利分配政策指标来衡量。

1）股利分配率

客观地评价一个企业的利润分配水平和利润分配策略，要看企业实现的净利润中，有多大比例用于分配给股东。股利分配率正是反映了企业的股利分配比例。其计算公式为：

股利分配率＝（普通股每股股利÷普通股每股净收益）×100%

股利分配一般有四种分配策略。

一是固定股利。每年支付给股东一个固定的股利。这种股利分配政策于企业不利，因为无论盈亏都要固定派发股利，可能给企业带来压力。但对于投资者而言却是个利好政策，因为投资者每年都能得到固定的股利。

二是固定股利支付率。股利支付率是指派发的股利总额占净利润总额的比率。每年派发的股利总额＝净利润总额×股利支付率。股利支付率一旦固定了，每年派发的股利便只受净利润的影响，随着净利润的变化而变化。这样来说，派发的股利其实是不稳定的，但企业的负担减轻了。在没有利润的情况下，便不用向股东派发股利，而不必像固定股利那样，无论盈亏都要派发股利。

三是固定股利增长率。在一定股利支付基数上，每年以固定的增长率增加股利的分派。这种情况下，企业仍是有压力的，但传递给投资者的信息却是企业的盈利似乎是连年增长的，有利于股价的稳定和增长。

四是固定股利加额外股利。在低固定股利的基础上，依据企业的盈利状态，适当增加一些股利。由于每年都有固定股利发放，有利于股价的稳定，而这一固定股利数额较低，也不会给企业太高的压力。当企业盈利较好时，还可以增加派发股利。

2）留存收益比率

留存收益反映企业的资本积累，就是企业净利润中有多大比例留给企业。一般用留存收益比率指标来反映，其计算公式为：

$$留存收益比率 = 留存收益 \div 净利润 \times 100\%$$

这个指标反映了企业盈利积累的水平和由此产生的发展后劲。我们可以看出，留存收益比率+股利分配率=1。股利和留存收益是利润分配的两个方面，一个项目增加，必然导致另一项目减少。

以优至公司为例，看一下该公司2016年末所有者权益变动指标，如表9-28所列。

表9-28 优至公司2016年末所有者权益变动指标

所有者权益变动指标	项目	金额（元）	占比
资本保值增值率	期末所有者权益	116232.10	114.34%
	期初所有者权益	101654.32	
所有者财富增长率	所有者财富增长率=期末每元实收资本净资产－期初每元实收资本净资产	14577.78	14.34%
	期初每元实收资本净资产	101654.32	
股利分配率	普通股每股股利	—	—
	普通股每股净收益	—	
留存收益比率	留存收益	16232.10	111.35%
	净利润	14577.78	

9.4.3 所有者权益变动表分析注意事项

资产负债表中所包含的所有者权益项目是静态的，其分析也侧重于各个构成项目的静态比例关系。而所有者权益变动表中所包含的项目都是动态的，其分析侧重于所有者权益各构成项目的变化情况。所以在分析所有者权益变动时，应注重财务状况的质量分析，客观地分析所有者权益变动所产生的财务效应。

我们对所有者权益变动表进行质量分析时，应关注以下4项。

（1）股权结构的变化及其方向

引起股权结构变化的，或许是股东之间股权结构的内部调整，也可能是增加了新的投资者。股权结构的变化对企业的长期发展具有重要意义。由于企业股权结构变化，可能导致股东意见及其产生的作用发生变化，继而影响到企业的发展战略、人力资源结构与管理政策等。若如此，仍依据原有报表信息去预测企业的发展前景就可能失去了意义。

（2）内部结构变化的财务效应

企业在经营成果发生变化时，所有者权益的内部结构就可能发生变化。即使所有者权益的总规模没有变化，内部结构也会发生变化，或通过转增股本增加企业的股本数量，或通过弥补亏损致使盈余公积发生变动。这种变化虽然对资产结构和质量没有直接影响，但可能会对企业未来的股权价值变化以及利润分配前景产生直接影响。

（3）区分输血性和造血性变化的区别

输血性变化就是指企业股东投入或追加资本而增加的所有者权益，这种来自外部的资本投入被看作是外部输血；造血性变化是指企业依靠自身经营产生的盈利而增加的所有者权益，这种来自内部的留存收益增加被看作是内部造血。

显然，两种途径都能够引起所有者权益总额的变化，但对报表使用者来说，两种变化却有着本质性的区别。输血性变化会导致企业资产增加，但因此增加的资产并不意味着企业前景很好；造血性变化说明企业盈利质量不错，企业可持续发展的前景较为理想。

（4）其他收益的构成和作用

其他收益也会引发所有者权益变动。其他收益包括：可供出售金融资产产生的利得（或损失）、按照权益法核算的在被投资单位其他综合收益中所享有的份额、现金流量工具产生的利得（或损失）、外币财务报表折算差额等。其他收益项目能够为投资者提供企业全面收益的状况。

第10章
财务报表中的数据假象和陷阱

做财务报表分析必须有的一个基本前提就是财报数据的真实性。然而,由于主观或客观多方面因素的影响,财务报表数据具有了欺骗性,数据假象十分普遍。其实这些"假象"并非无懈可击,只要系统、全面地分析,就会发现蛛丝马迹。

10.1 常见的几种数据假象和陷阱

10.1.1 存货数据

存货，是指企业在生产经营过程中为销售或者耗用而储存的各种资产，包括库存、在途和委托加工中的各种原材料、燃料、包装物、低值易耗品、外购商品、在产品、半成品、产成品和分期收款发出商品等。存货属于流动资产范畴，在企业活动资金中占有很大比重，具有流动性弱、种类杂、数量多、收发频繁，在企业中滞留时间长，变现能力慢，在管理和核算上存在一定难度，容易产生薄弱环节等特点。

因此，很多企业往往把存货作为调节成本和利润的"蓄水池"，原材料和产成品往往更是藏匿秘密的重地。

案例 1

笔者曾审计某建筑工程公司的账务，发现其存货数据如表10-1所列。

表10-1 某建筑工程公司部分报表存货数据　　　　单位：万元

项目	2014年	2015年	2016年
主营业务收入	3516.47	4587.69	6017.54
存货	2.1354	4.3547	3.3018
利润	-203.84	-312.48	-358.71

这样的报表数据很奇怪，但这类报表的企业并不少见，尤其是一些小规模的民营企业。建筑业这些年发展很快，行业管理跟不上行业的发展，特别是缺乏应有的监控力度，致使建筑企业的财务状况出现令人难以想象的虚假现象。

上面这张报表的奇怪之处在于，一是收入逐年上涨，利润却逐年亏损；二是不管企业如何经营，存货始终微乎其微。这究竟是怎么回事呢？我们打开了该公司的财务软件。

在该公司的存货明细账上，原材料为零，存货余额都是低值易耗品的余额。就是说，一年做了几千万工程的企业，其原材料竟然没有库存！再翻开会计凭证，我们明白了缘由。当企业购入材料时，财务人员所做的会计分录为：

借：工程施工——原材料

贷：应付账款——××

笔者惊讶地发现，原来该公司采购的原材料跳过了存货这个项目，直接进入了成本。这就意味着，无论原材料是否被领用，也无论工程进度如何，所购材料都进入了成本。会计人员的解释是，我们工地没有仓库，购进的材料就放到工地上使用。问及材料是否即买即用，会计人员说也不一定，那样买材料太频繁了，采购人员精力不够，运费也会增加。就是说，工地上原材料还是会有库存的。但是无论工地上有无库存，不管工程进度如何，每月末会计人员都会做这样的会计分录：

借：主营业务成本

贷：工程施工

每到月末，会计会将工程施工的余额全部结转到主营业务成本，工程施工的月末余额为零。工程施工科目成了一个包罗万象的大仓库，所有的材料都往里存放，而到了月末又会进行一次清仓行动，全部都转移到成本里。了解这些后，笔者便明白了企业为什么一直亏损了，因为存货和成本被任意摆布，利润便成了一个受气包，想怎么挤压就怎么挤压。

会计人员像变戏法似的，想盈就盈，想亏就亏，这样的财报对企业也没有任何的意义。事实也是如此，不少民营企业老板是不看报表的，经营情况老板们自己心中有数。

很多企业的原材料都存在不实的现象，有的是管理不善所致，有的是人为因素造成的。且不去讨论管理不善造成的不实现象，单说人为因素造成的，就足以以假乱真，令报表虚而不实。

10.1.2 产成品数据

产成品的不实现象往往表现在盘点不实，账面反映的数量和库存数量不相符。这是企业管理不善所造成的。但有些企业为了达到某些目的，也会在产成品上做文章，让产成品失去了真实性。

案例 2

在审计某皮鞋厂时，笔者看到一种奇特的现象，具体如表10-2所列。

表10-2 某皮鞋厂部分报表数据

项目	2015年	2016年
主营业务收入（万元）	587.45	326.37
产成品（双）	26574	37167
本年利润（万元）	158.38	221.57

该皮鞋厂2015年和2016年相比较，收入下降了，产成品增加了，利润反而上升了。看报表时，笔者揣着诸多的疑问。照常理来说，销售收入下降了，利润也会随之下降，即使采取了有力的成本控制措施，也不能如此明显地提高利润。产成品数量增加了，意味着两种可能，一是产成品积压，二是提高了产量。通过了解，该皮鞋厂并未增加生产能力，也未进行突出的技术革新，那么就可能是产成品积压。

笔者通过调查该皮鞋厂的财务数据，对产成品以及主营业务收入进行明细查询，终于找到了问题的根源。

该皮鞋厂是国有企业，2015年10月，前任厂长在离任职期满还有两个多月的时间内，因身体不适提前退休，现任厂长被任命为代厂长。自然，2015年该皮鞋厂的业绩不能用来考核现任厂长，仍是考核前任厂长。现任厂长为了提升自己任期内的业绩，就在2015年12月赔本处理了一批皮鞋，找了家熟悉的企业签了份销售合同，出库记录、运费、发票一应齐全，所产生的亏损就落在了前任厂长的任期内（见表10-3）。

表10-3 某皮鞋厂产成品降价处理盈亏情况

项目	2015年	2016年
产成品（双）	9827.00	-9827.00
单位成本（元）	118	118.00
单价（元）	75.00	75.00
单位产品盈亏（元）	-43.00	-43.00
总盈亏（元）	-422561.00	422561.00

这笔降价处理的会计分录是（不考虑增值税及税金附加）：
A.销售皮鞋一批：
借：应收账款——××　　　　737025元（9827×75）
　　贷：主营业务收入　　　　　737025元（9827×75）
B.产成品结转进成本：
借：主营业务成本　　　　1159586元（9827×118）
　　贷：产成品　　　　　　1159586元（9827×118）
C.结转收入和成本：
借：主营业务收入　　　　737025元
　　贷：本年利润　　　　　737025元
借：本年利润　　　　　　1159586元
　　贷：主营业务成本　　　1159586元

就这样，前任厂长任期内的业绩被现任厂长的"妙手"狠狠地亏损了一回！

而戏剧性的变化还在后头。2016年，现任厂长被正式任命。有趣的是，2016年4月，那些降价处理的皮鞋被悉数退回。于是，一个意想不到的数字游戏出现了。前任厂长任期内，每双皮鞋亏了43（118-75）元。现在皮鞋被退回来了，会计人员冲回了产成品，同时也冲减了亏损。换句话说，每双皮鞋因为被退回而盈利了43元。2015年度降价处理皮鞋共计亏损了422561元，2016年度该批皮鞋被退回后，会计人员的账务处理直接做相反的会计分录，增加了利润422561元。

就这样，现任厂长任期内的利润就被人为地增加了几十万元。可谓是一场游戏一场梦啊，一笔虚无的业务竟然能给企业带来了几十万的利润。

而这种账务处理显然存在问题。这批退回的皮鞋，势必要做销售退回处理，同时调整以前年度损益（仍不考虑增值税及税金附加）。

冲回收入：
借：应收账款　　　　　　-737025元
　　贷：以前年度损益调整　-737025元
冲回成本：
借：以前年度损益调整　　-1159586元

> 贷：产成品　　　　　　　　　　-1159586元
> 借：以前年度损益调整　　　422561元
> 贷：利润分配——未分配利润　422561元
>
> 这是一个国有企业实行厂长负责制作弊的例子。并不能排除一些其他企业抱着不同的目的，在存货上做别的文章。所以当在分析财报时，尤其发现了疑点时，一定要将几张财务报表结合起来分析，这样才能从中找出蛛丝马迹来。

当成本与收入不匹配，当产成品与水电费不匹配，当原材料与产成品不匹配时，税务部门就会通过大数据分析查到企业的蛛丝马迹。

10.1.3　应收账款及其他应收款数据

存货的变化主要是通过主营业务成本的变化来影响企业利润，而应收账款的变化可直接导致主营业务收入的变化进而影响利润。这两个指标对于操纵企业的利润都有立竿见影的作用，因而常会被某些企业操纵，也因此成为财务分析的重点。

（1）应收账款存在的问题

应收账款是企业因销售产品、材料、提供劳务等经济活动而应向购货方、接收劳务的单位或个人收取的款项。形成应收账款的直接原因是赊销。由于应收账款是具备流动资产属性的债权，因而常被一些企业操纵，用以调节利润。

问题一：虚列应收账款，虚增销售收入。有些企业为了体现经营业绩，或为了完成承包任务，在年底结账时，人为地虚列销售收入、虚挂往来、虚增利润，待下年初再用红字将此笔虚列的往来账冲掉。

问题二：往来长期挂账，双方渔利。企业赊销商品而产生的应收账款本应及时收回，但购货单位为了长期占用应付货款，销售企业的经销人员和财务人员为了从购货单位谋取利益，而共谋长期拖欠货款，造成企业应收货款长期挂账。

问题三：入账金额不实。在存在现金折扣的情况下，应收账款的入账金额核算有总价法和净价法两种形式。根据我国会计制度规定，企业只允许采用总价法核算。应收账款应以未减去现金折扣的金额作为入账价值，实际发生现金折扣时作为一种财务费用计入当期损益。但有的企业按净价法入账，少记收入，造成应收账款入账金额不实，为偷税或贪污制造了机会。

问题四：通过应收账款，隐瞒销售收入。在收到货款后，不贷记销售收入，而是贷记应收账款，或贷记预收账款，隐瞒或滞记销售收入，以达到隐瞒利润的目的。

（2）应收账款周转率存在的问题

应收账款周转率反映了企业在一个会计周期内，应收账款收回的平均速度。通常情况下，应收账款对一家企业来说，有既定的管理政策。因此，应收账款周转率在一定时间内比较平稳。查看连续几年应收账款周转率的变化，可以判断企业回款力度是否处在正常的状态。如果这个指标是持续向下走的，表明货款回笼的周期在加长，收现难度在增加，也反映了所处行业的景气度在下降。投资者选择这样的股票时，就需要慎重。但不同的行业，境况可能完全不相同。有些行业的应收账款周转率会持续上升，表明这个行业应收账款的账期越来越短，回款越来越快，反映了该行业的景气度越来越好。需要注意的是，不同行业的应收账款周转率是没有可比性的，因为每个行业的生产周期和建设周期不同，变现时间也就不同。

应收账款周转率的计算公式如下：

应收账款周转率=主营业务赊销收入净额÷应收账款平均占用额（在一个会计期间内）

上式中，主营业务赊销收入净额等于主营业务收入减去现销收入、商业折扣、销售折让和销售退回，数据可以通过查询利润表以及利润分配表取得；应收账款平均占用额是指一个会计周期内，应收账款余额期末数和期初数的算术平均数。应收账款余额=应收账款科目账面净值+坏账准备，可以通过查询企业资产负债表取得。

那么问题来了。

问题一：简单加权平均法计算的应收账款平均占用额是应收账款余额期末数和期初数的算术平均数，这是基于企业应收账款在一个会计期间内呈线性增加或者减少的假设，但实际上，大多数企业的应收账款变化不会这样简单。比如，季节性行业的企业，应收账款占用额会由于季节因素而呈非线性波动。对于这类企业，计算应收账款周转率时，线性变动的假设是不成立的。

> **案例 3**
>
> 如甲乙两个持续经营的农业企业，销售规模以及赊销政策大体一致。假设赊销都在月初，甲公司生产草莓，销售主要在冬季，1月和12月的赊销额各是500万元，那么甲公司应收账款大部分也分布于本年度末和下年度初。
>
> 按照简单算术平均计算，年度应收账款平均占用额也应为500万元；乙公司生产蓝莓，主要在夏季销售，所以应收账款主要分布于夏季，假如6月和7月的赊销额也各是500万元，但到了年末是淡季，本年末和下年初的应收账款余额各为200万元，按照简单算术平均计算，乙公司的应收账款平均占用额应为200万元。但如果按照每月加权平均方法计算的应收账款占用额时，甲乙公司的应收账款平均占用额应当接近。所以按照简单算术平均计算应收账款的平均占用，甲公司会被高估，而乙公司会被低估。那么，甲企业应收账款周转率也将被低估，而乙公司将被高估，这将直接影响报表使用者的决策。

问题二：主营业务赊销收入净额并不包括其他业务赊销收入净额和营业外赊销收入净额。如果企业赊销涉及其他业务收入以及营业外收入，应收账款平均占用额就会包含其他业务收入和营业外收入形成的应收账款。这样的话，分母分子便不匹配，从而可能低估了应收账款周转率。

问题三：价外税带来的差额。根据会计准则，企业赊销产品的会计分录如下。

借：应收账款——××企业

贷：销售收入

应交税金——应交增值税——销项税

显然，销售收入不含增值税，而应收账款包含了收入和税收。用不含价外税的赊销收入净额除以包括价外税的应收账款平均占用额，显然不合理，会导致应收账款周转率的不客观。

问题四：应收账款平均占用额是否包含应收票据和计提的坏账准备。正确的解释是，应收账款含应收票据及坏账准备，因为应收票据大多由销售引起，坏账准备更与销售有关。但很多企业在计算应收账款周转率时，往往会无意或故意地忽略了应收票据和坏账准备。

正因为应收账款周转率存在了这些方面的问题,便成了一些企业提供了编制虚假报表的理由。

(3)坏账成本存在的问题

根据会计制度规定,对于普通的企业来说,对因债务人破产或者死亡等原因,确实不能收回的应收账款,以及由于债务人逾期偿付超过3年仍不能收回的应收账款,应及时报主管部门审查作坏账处理。但股份制企业关于坏账处理的规定有所不同。根据《股份有限公司会计制度有关会计处理问题补充规定》,必须有确凿证据证明应收账款有不能收回或收回的可能性不大,如资不抵债、债务单位破产、发生严重的自然灾害、现金流量严重不足等导致停产而在短时间内无法偿付债务时,或其他足以证明应收款项可能发生损失的证据以及应收款项逾期5年以上的情况,才准予作坏账处理。

有些企业的财务人员本着为企业利益考虑的原则,想方设法在会计核算上做手脚,抱着不同的目的,用着不同的作弊手段。

手段一:坏账长期挂账,掩饰报表真相。一些企业经济效益不好,为完成利润指标,也为投资人对企业抱有信心,会对应当处理的坏账损失采取暂不处理的办法,造成大量陈账、呆账长期挂账,企业的坏账成本无法在盈亏中得到体现,掩盖了企业潜亏真相。

手段二:调整计提比率,调节坏账成本。采用备抵法核算坏账损失时,坏账损失的计提应按应收账款科目年末余额乘以一定比率,再与坏账准备科目贷方余款相比较,予以补提或减提。有些企业会故意提高或压低提取坏账准备百分比的手法,任意多提或少提坏账准备,以调节企业的当期利润。如此而来,不但报表达到了预设的目的,而且还可以少缴企业所得税。会计制度要求,坏账准备计提比例作为企业的一项会计政策,提取比例有一定的范围限制,变更提取比例要采取相应的调整方法,并应在会计报表附注中进行披露。

手段三:改变计提基数,调整坏账损失。采用备抵法核算坏账损失时,一些企业为了调节盈亏而虚增或虚减管理费用,除了调节坏账准备比率外,还会采取调增或调减应收账款余额的手法,多提或少提坏账准备金。比如:把应计入预付账款的事项计入应收账款,或把应收票据纳入应收账款,便可以扩大坏账准备的计提基数,多计提坏账准备。

手段四:增加坏账损失,转移企业资金。收到的货款不冲销企业应收账款,资金转移他处,再通过坏账损失挤列管理费用,冲销应收账款。当然,随着金融监控体制的不断完善,通过公司账户转移资金的风险会越来越大。

（4）其他应收款存在的问题

其他应收款是指其他往来款项，从作弊的手段来看，其他应收款的操纵难度显然比应收账款要容易些，应收账款必须是货款，要有实物转移，且实物销售单据齐备，容易被查出问题来。而其他应收款作弊要容易些，不受实物的约束，不受单据的制约，一般不容易露出马脚。许多公司高额的其他应收款往往不完全是为了虚构利润，而是股东占用了公司资金，还可能是虚假注资抽逃资金，还可能是大股东挪用资金，还可能是分红的权宜之计。

在往来款项的作弊现象还有很多方法，这就需要财报使用者弄懂报表，多方权衡，及时发现报表中的不合理问题，以便做出正确的决策。不过在大数据时代，往来款项作弊将遇到新的阻力，税务部门已将往来款项作为税务预警的一项指标，股东挪用或隐瞒收入的不合理往来款项都将受到税务部门的密切关注。

10.1.4 应付账款及其他应付款数据

应付账款通常是指企业由于采购材料、商品或接受劳务供应等所发生的债务，是供货双方在购销过程中由于供货方采取赊销政策，使得收货方取得货物与支付货款在时间上不一致，从而产生的一项负债。其他应付款是指企业应付、暂收其他单位或个人的款项，如应付租入固定资产和包装物的租金，存入保证金，职工未按期领取的工资，应付、暂收所属单位、个人的款项等，属于负债类科目。两个科目作为企业的流动负债，也常为某些企业所操纵。

（1）应付账款存在的问题

问题一：应付账款长期挂账。主要表现在应付账款久拖未决长期挂账，有的属于合同纠纷或无力偿还，有的属于销货单位消亡而无从支付，这样便导致了债务虚列。按会计法规定，无法支付的债务应转入营业外收入，这样就会增加企业利润和企业所得税。所以一些会计宁可长期挂账，也不愿转入营业外收入。

问题二：调节成本调低利润。有些企业为了调控利润，采取虚列应付账款的方式，虚构采购，虚增成本费用，相应便可以减少利润数额。比如企业以修理为名，与修理厂合谋捏造修理费，一方面增加成本，另一方面增加应付账款，致使企业成本增加，利润降低，实现低利润或低税收的目的。

问题三：隐匿收入偷逃税款。这也是常见的伎俩，一些企业为了偷逃税款，隐藏了一些非法收入或非正常收入。在收到货款时，记入应付账款，不反映销售收入，便可达到隐瞒销售收入少缴税收的目的。

问题四：故意增大应付账款。采购人员在采购商品时，会要求供应商多填写采购商品的金额，以套取企业资金，中饱私囊，致使企业的财产蒙受损失。

问题五：赚取现金折扣。有些企业在支付货款符合现金折扣的条件下，按总额支付，然后从对方套取现金私分或留存"小金库"。按规定，对付款期内付款享有现金折扣的应付账款，先按总价借记"材料采购"，贷记"应付账款"，在付款期内付款时，对享有的现金折扣应予以扣除，而以折扣后的金额付款。但有些企业付款时，对享有的现金折扣不予扣除，先支付总款，然后再从销货单位拿取折扣部分。

问题六：存货退回不予反映。企业向供货单位购买货物后，取得了蓝字发票，但又因故把货物退回，取得了红字发货票。然后只将蓝字发票计入应付账款，红字发票隐瞒起来，然后寻机转出，使得货物账实不符。

问题七：用商品抵消应付账款。企业用商品抵消债务，本应通过销售环节的核算。但一些企业并不通过商品销售核算，而是直接冲减应付账款和库存商品，故意隐瞒商品销售收入，偷漏增值税。

我们在审计某建筑工程公司就发现，挂在股东户头上的应付账款金额巨大。从账面来看，是企业资金不足时，股东不断转来了资金，似乎没有太大问题。但这种现象一直延续了近十年，不能不引起我们的怀疑。后来经过与会计人员交谈，才得知该公司的银行账户上一直保持着十来万的存款，更多的工程款都是直接转给了股东。待公司需要支付款项时，再由股东将款项转入。这种做法在小规模的民营企业也具有普遍性，隐瞒了收入，偷逃了税收。

（2）其他应付款存在的问题

问题一：长期挂账隐匿收入。比如出售废品或边角料的收入长期挂其他应付款，少缴了增值税，也少记了利润。

问题二：逾期包装物未作收入处理。逾期未收取的包装物没有记入销售额征税，也没有将押金扣减税费后的差额转入其他业务收入，不但收入减少，且少缴所得税。

10.1.5　预收账款及长期应付款数据

预收账款是指企业按照合同规定或交易双方之约定，向购买单位或接受劳务的单位在未发出商品或提供劳务之前预收的款项。一般包括预收的货款、预收购货定金等。企业在收到款项时，应提供的商品或劳务尚未交付，因而不能作为收入入账，只能确认为一项负债。长期应付款是指对其他单位发生的付款期限在1年以上的长期负债，而会计业务中的长期应付款是指除了长期借款和应付债券以外的其他多种长期应付款。主要有应付补偿贸易引进设备款、采用分期付款方式购入固定资产和无形资产发生的应付账款、应付融资租入固定资产租赁费等，是企业的一项长期负债。

（1）预收账款存在的问题

问题一：利用预收账款虚增收入。有些企业利用预收账款来调节商品销售收入，将尚未实现的销售收入提前作收入处理，虚增商品销售收入，以调节利润。这类企业为了平衡利润，在未发出商品时就虚作商品销售收入，虚增当期利润，在下一个会计期间再冲回原账务处理。

问题二：利用预收账款偷逃税金。有些企业将预收账款长期挂账，不作销售处理。收到客户交来货款时，借记银行存款，贷预收账款。货物发给客户后，该厂继续将预收账款挂账，不转作收入，也不结转成本，以达到偷逃收入和税金的目的。

（2）长期应付款存在的问题

问题一：利用长期应付款私设金库。一些企业在融资租赁付款期满后本应停止付款，却继续付款，将多余的款项从对方提出，存入部门的小金库或私分。

问题二：混淆融资租赁和经营租赁。根据财务会计制度规定，企业经营租赁的固定资产并不计入固定资产账户，只需在备查簿中登记，待付出租赁费时，再计入相关费用。有些企业为了调节利润，少计费用，将经营租赁记入融资租赁，挂"长期应付款"，推迟支付租赁费以达到调节企业当期利润的目的。

问题三：安装调试费记列待摊费用。根据财务会计制度规定，企业融资租入固定资产的安装调试费应先计入"在建工程"账户，待交付使用时再转入"固定资产"账户。但有些企业在融资租入需安装的固定资产时，账务上直接"借：固定资产，贷：长期应付款-应付融资租赁费"，将支付的安装调试费记入"待摊费用"，然后再摊入费用账户。

问题四：融资租入固定资产不计提折旧。根据会计法规定，融资租入固定资产应视为自有资产管理，须计提累计折旧。有些企业为了降低成本，虚增利润，便对融资租入固定资产不计提折旧，从而达到人为拔高利润的目的。如审计人员在审查某企业长期应付款账户时，发现有大量融资租入固定资产,再检查有关折旧账户,并未有相应的折旧计提。该企业未计提折旧,实质上是虚减成本,虚增利润。

同样,负债中的不实现象远不止于这些方法,也不止于这些科目。企业为了实现某种目的时,往往是花招迭出,给关注企业财报的人带来诸多麻烦。这就需要关注企业的人具有一定的辨别力和理解力,在乱象丛生中辨别假相,查明真相。

往来款项一度是不良企业的窝藏地,一些资金的流入出于偷税或转移或他用而隐瞒真相。而如今再想这么隐瞒似乎不太可能,央行发布金融机构大额交易和可疑交易报告管理办法,自2017年7月1日起实施。将大额现金交易的人民币报告标准由20万元调整为5万元。就是说,资金流动受到了金融系统的监控,异常的往来款也面临着被查的风险。

10.2 报表乱象对企业经营存在哪些危害

如果财务报表弄虚作假,会计信息便失去了应有的作用,不但不能正确反映企业的经营面貌,而且还会误导财报使用者做出种种误判,虽然能给企业带来暂时的蝇头小利,但最终会产生严重的危害。在市场经济条件下,存在利益主体多元化趋势,而多元化的利益主体的经济活动基本上是受利益驱使的。而财务报表恰恰是利益相关者进行决策的重要依据,如果报表失真,所带来的危害将直接影响利益相关者。比如:目前我国税收的主要来源是企业缴纳的流转税和所得税,很多企业账面盈亏不实,通过造假账、虚增支出、隐瞒利润等手段使账面亏损,逃避国家税收,导致国家税收的大量流失;再比如,国有企业或国有资本投资企业是国家经济的主要力量,一旦报表失实,就可能导致国有资产的流失,影响和破坏了国家经济政策的制定和宏观调控措施的执行。此外,虚假报表还会误导投资者与债权人、贷款人,破坏了企业的投资环境。

而且,报表失真并非对企业自己百利而无一害。俗话说,撒一个谎需要用一百个谎去圆。虚假报表对企业的利益是暂时的,埋下的祸根却是长远的。

(1)虚假报表对企业科学决策的危害

企业管理当局依靠财务会计提供的信息来评价企业过去的成绩与不足,以此作为对未来经济活动做出的预测、决策和规划的基础。而错误的、不真实的会计信息,会使企业相关部门特别是企业经营管理者的决策依据缺乏可靠性、科学性,不能对企业的生产经营做出科学正确的判断,在宏观管理上使企业陷入被动，长期下去，必将削弱企业自身的市场竞争力，危及经营主体本身生存。有些企业自作聪明地做"两套账"，结果往往是数据混乱、信息混淆、藏头露尾、疑点重重。从长远来看，这样的会计信息很难满足管理当局的要求，会计应有的职能难以得到发挥，最终会导致管理人员难以做出正确的生产和经营决策，这种情况长期持续下去的话，必然会弱化企业的基础管理工作，不利于企业生存和长远发展。

（2）虚假报表对企业常态管理的危害

常态化管理的依据是企业的真实信息。当资产账实不符，人为地调节固定资产的折旧方法时，会造成固定资产价值与实际不符；人为地调节递延资产、待处理财产损益时，会严重影响企业生产经营管理和资源的合理配置，危害企业的生存与发展；人为地调节企业收入和利润，造成报表中的各项经济指标出现异常，必定会引起政府管理机构的关注，并对企业进行查账、查合同、查耗能、查库存，会分散企业的日常管理。

（3）虚假报表对企业和产品形象的危害

人要有脸面，企业要有形象，企业的形象对企业不断发展和产品走向市场至关重要。树立企业和产品形象，不是一朝一夕的事，需要长期地努力和不断地塑造，需要企业用过硬的质量、技术、管理等去赢得口碑。倘若报表失真被发现了，或是带来了严重后果，那么企业和产品的形象可能会毁于一旦，得不偿失。

（4）虚假报表对企业会计队伍的危害

企业要做虚假报表，必定要有少数会计人员参加。会计人员直接参与伪造、变造虚假会计资料，不但降低了会计人员的责任心和使命感，也影响了会计人员的职业道德，极大地破坏了会计队伍的良好形象。

（5）虚假报表对廉政建设的危害

反腐倡廉是一项全球性的政策，需要从各行各业抓起。当企业的会计信息失真被发现时，为了掩饰真相，减少经济损失，企业会想方设法去笼络关系，甚至不惜行贿送礼，以摆脱严重后果。这种行为必定会助长行贿受贿、贪污腐败等丑恶现象的发生，给社会主义市场经济的发展造成严重的危害，同时也阻碍了企业运营的良性发展。

（6）虚假报表对企业职工利益的危害

截留收入、虚报冒领、私设"小金库"等舞弊行为，严重损害了企业职工的个人利益。企业职工一如既往地拼命工作，对报表往往一无所知，而利益却由于报表的不实而产生了变化。当员工的薪酬福利待遇与企业的收入或利润挂钩时，当企业的现金管理出现困难时，当企业出现决策失误时，当企业滋生腐败时，都会直接或间接地危害到企业职工的个人利益。如果企业因虚假报表最终导致经营难以为继，首当其冲的受害者就是职工，他们的饭碗保不住了，而他们却是无辜的。

案例 4

美国女王真空吸尘器公司是一家上市公司，以生产耐用的吸尘器著称，唐·希兰先生是该吸尘器公司的首席执行官。当初为了获取该公司的控股权，希兰先生不惜抵押了其所有的私人资产，以获得巨额借款用于购买女王公司的股票。能偿还该债务的唯一方法，就是从女王公司获得收益。若女王公司的利润如果没有急剧增长的话，他则将陷入更大的财务困境之中。因此在这种压力下，希兰和他领导的新的管理小组在不懂吸尘器行业的情况下，武断地认定旧的生产线过于老化，开发新一代的真空吸尘器才是大幅提高利润的最佳途径。

但是建造新的生产线需要资金，而希兰先生自身的债务就已自顾不暇，更不可能通过其自身去融资，那么该笔资金出处就只能从女王公司的利润上做文章。因此，希兰先生就想出一个方案：授意他的财务经理人为地夸大几个季度的利润从而使股票价格上涨，用股价上涨后再抛售部分股票的方法产生资金，以此来开发这条新的生产线。财务经理听了希兰的打算后，对夸大利润的非法伎俩同样持支持态度。他的动机很简单：他相信希兰先生有关新产品的创意，并且还天真地认为，这种做假账的行为只是暂时的；除此之外，他还必须保住他的饭碗。

制造虚假利润有很多种方法，但财务经理认为在销售和费用的截期上玩花样的方法风险最小。他指示销售经理将期后的销售发票提前到会计年度结束前开出，那么这也意味着财务经理同样必须嘱咐仓库将货物的发运提前。而在会计上，这都需要编造大量的非法分录以掩盖造假举动。财务经理除了通过截期舞弊之外，还采取了另一种伎俩：将积存的商品发运他处，视之为销售并记入销售收入；将未付的账单锁在橱柜里不确认负债。

这个方案确实发生了功效，给希兰带来了他急需的现金流。而且由于女王公司从未在期后冲销任何一笔虚假的销售——这是截期舞弊的典型征兆，所以，那些具有多年从业经验的审计人员并未发现该公司的造假行为。

　　很快地，新一代真空吸尘器设计出来并投入大规模生产。数百万美元的销售攻势使新的女王吸尘器尽人皆知，吸引了大批消费者。销售伊始，利润飞涨，掩盖了先前的财务假象。但不久，有关新产品的问题接踵而来。首先，有一部分消费者声称，吸尘器内部的齿轮脱落，要退还产品；接着到处有报道说吸尘器的内脏会受热融化。女王公司的专家们鉴定后指出：融化问题是由于塑料引起的。由于希兰贪婪地追逐高利润，将吸尘器原先坚实的金属部分替换成塑料装配，从而导致了新的吸尘器不耐热。

　　这样，开始时的利润涌入迅速转变为狂怒的抱怨声。不久，仓库总管报告：仓库中已经没有多余的空间可用于存放退回的吸尘器了。之后，希兰的财务经理又收到了更令人沮丧的坏消息：审计人员马上要来了。希兰先生很快就认识到了这种危机。如果审计人员看见成箱的产品堆积在仓库中，他们肯定会明白发生了什么。

　　在绝望之中，公司决定租用离公司较远的仓库来存放这些毫无价值的商品，并由希兰的一个下属负责销毁所有能反映退货的文件记录，包括发运单、存货盘点表和存货退回清单。这个花招又一次"暂时性"地奏效了。但对希兰而言，这些问题才刚刚开始。最终，由于该产品在消费者中的口碑极差，女王公司的声名一落千丈，销售也开始严重滑坡。不久，仓库中有缺陷的真空吸尘器渐渐地比女王工厂中新生产出来的还要多。巨额的销售退回和销售额的锐减成了希兰先生不得不面对的两大现实。希兰原先造假粉饰利润的努力现在无疑给自己造就了巨大的压力。除此之外，他和他的财务经理仍不得不敷衍那些索要额外信息的审计人员。一个撒了许多谎的人，往往需要撒更多的谎去圆谎，而这恰恰是很难做到的。即使希兰先生不懂会计，他也终会明白那些数字起了什么作用。

　　面对这个事实，希兰和他的财务经理在律师的建议下主动认罪，把自己交由法庭去审判。

在这个案件中，投资者和债权人由于女王公司的舞弊行为总共损失了4000万美元，女王公司最终也宣告倒闭。而主要责任人希兰先生被判处有期徒刑一年多，还附带民事判决中穷其一生也付不清的数百万赔偿；另一责任人财务经理则被免予刑事处罚。

这是个典型的报表乱象带来严重危害的案例，折射出了许许多多的问题。一家企业倒闭了，所有的一切都不复存在。而那些无辜的员工失了业，从此成为社会闲散人员。

10.3 如何防止和识破这些乱象

既然我们知道报表中有温柔陷阱，就不能糊里糊涂地往里跳，而是要小心谨慎，边看边想，莫要沉溺在那些金玉其外的数据中，而是要揭开美丽外衣之下的重重陷阱，查清事情真相，识破财务乱象。要防止和识破财务乱象，就要弄懂会计人员做假的手法。

（1）识破操控财务报表的各式手段

1）资产重组。

资产重组是企业为了优化资本结构，调整产业占比，实现战略转移等目的而实施的股权置换和资产处置。资产重组往往具有使上市公司一夜扭亏为盈的神奇功效，现在资产重组更是被广泛滥用。

2）增加现金。

通过收购公司获得收购对象的经营性现金流入，出售子公司或部门的收入计入经营活动现金流，出售子公司或部门剥离并保留应收账款、互换贸易等方法增加经营性活动现金流入。

3）业务往来。

弄虚作假者利用销售方式的漏洞，在商品、产品仍在自己仓库的情况下虚列购买者名称，虚开发票，达到多做收入的目的。这种不违反会计原则又虚开发票的情况在上市公司中较为普遍，且主要发生在上市公司与其关联企业的关联交易中。此外坏账准备的计提方法和计提比例的选择权留给了企业，致使年报中产生与坏账准备有关的虚假问题。

4）变更核算。

企业对外进行长期股权投资的核算也可能成为操纵利润的手段。当投资企业对被投资单位具有控制、共同控制或重大影响时，长期股权投资应采用权益法核算。但事实上一些企业却违犯法律、法规的规定，肆意变更投资收益的核算方法，以达到操纵利润的目的。

5）费用延迟。

将本期发生的费用有意推至未来，手段包括：采取延长折旧摊销年限、漠视已经形成损失的坏账、不当使用费用资本化、不对受损资产或过时存货提取减值准备、将费用暂时挂在应收账款或预付款科目、在建工程完工后迟迟未转为固定资产，甚至将日常费用记入在建工程以及通过临时资金冲抵将长时间坏账化身为新的应收账款。

6）掩盖亏损。

为了防止企业亏损被暴露，企业常采取多记收入、少记材料成本、少记财务费用、少记管理费用等手段，竭力降低企业经营成本，设法提升利润空间，以掩盖经营真相。

7）虚构收入。

为了提升业绩，企业通过虚假交易、虚增成交金额、将非营利交易确认收入、建立显失公平的关联交易等方法虚构经营收入，或者通过确认尚未开始提供产品或劳务的收入以及在买家没有明确承担付款义务时先确认收入等方法提前确认收入来提升业绩。

8）关联交易。

我国许多上市公司由国有企业改组而成。在股票发行额度有限的情况下，上市公司往往通过对国有企业局部改组的方式，设立股份制。改组后，上市公司与改组前的母公司及母公司控制的其他子公司之间普遍存在着错综复杂的关联关系和关联交易，一些企业利用关联交易，采用虚设财务报表、调节经营利润等手法形成数据游戏，以混淆视听，美化报表。

（2）关注报表附注里的信息

财务报表附注，是为了便于财务报表使用者理解财务报表内容，而对财务报表的编制基础、编制依据、编制原则和方法以及主要项目等所做出的补充说明。它是对财务报表的注释，是财务会计报告体系的重要组成部分。

1）对偿债能力分析的影响。

企业的偿债能力分析包括短期偿债能力分析和长期偿债能力分析，两种偿债能力都与流动资产有关。而影响企业流动资产变现能力的因素主要有未作记录的或有负债，由于或有负债的存在，资产负债表确认的负债并不一定能够完整的反映企业的负债总额。所以企业偿债能力分析应该结合会计报表附注，如果存在或有负债，显然会减弱企业流动资产的变现能力。如果存在未做披露的或有负债，则会令偿债能力指标的准确性大打折扣，不考虑或有负债的资产负债率显然是夸大了企业的偿债能力。

2）对成长能力分析的影响。

成长能力比率可用来预测公司扩展经营的能力。反映公司内部性扩展经营能力的比率主要有利润留存率和再投资率，这两个比率都与税后利润有关。税后利润的形成既与正常经营所得有关，也与非正常经营所得有关，混合在一起的利润难以表达企业真正的经营成果。这就需要通过报表附注去了解企业的收入构成，了解企业更多的信息。

3）对营运能力分析的影响。

资产营运能力分析比率是用来衡量公司在资产营运效率方面的财务比率。资产营运能力分析比率包括营业周期、存货周转率、应收账款周转率等，这些指标分析与主营业务收入及成本有关。由于收入确认是一项重要的会计政策，因而本指标的分析不可避免地要参考会计报表附注。存货的结转有先进先出法、后进先出法、加权平均法、移动平均法、计划成本法、毛利率法和零售价法等，须查阅企业在附注中披露的会计政策。

4）对盈利能力分析的影响。

盈利能力分析比率包括主营业务利润率、销售净利率、销售毛利率、主营业务净利率、营业利润率、总资产报酬率和净资产收益率，这些指标都与净利润有关。而非正常的营业方式同样会给企业带来收益或损失，但只是特殊状况下的个别结果，不能说明企业的盈利能力，因此在分析企业盈利能力时，应当从附注中获取信息，并予以排除。

（3）掌握更多信息避免判断失误

显然，信息越全面，判断越准确。如果能从更多的角度去了解企业更多的信息，不但从财务报表内，还能从报表之外去关注分析，那么不但能避免判断上的失误，而且对于掌握企业的财务状况还具有重要意义。

表外的信息披露，一般来讲大致包括以下内容：有助于理解财务报表的重要信息；那些本来可能在报表中反映，但基于成本、效益原因而显得相对次要的信息；采用与财务报表不同基础编制的信息；用于补充报表信息的统计数据；管理当局的分析、评价与对未来的预测等。

1）企业的口碑和品牌。

一家企业在行业中的口碑如何？管理水平如何？如何对待自己的员工？对待供应商怎么样？履行社会责任如何？这些都是判断这家财务信息质量的良好基础。

2）管理层压力。

没有压力的公司比有压力的公司的财务报表质量更高，譬如面临退市的企业、股权激励对标的企业、管理层面临业绩考核的公司等。

3）管理层的背景。

管理层的背景，如经历、学历会切切实实影响公司的文化观、价值观及其发展策略，进而最终影响其经营成果和财务表现。

4）管理层素质。

毫无疑问，具有高素质管理层的公司其年报信息会更加全面、规范，力求把公司的内部情况向报表使用者说明清楚，这与高素质管理层宽广的胸襟不无关联。

5）企业国际化程度。

管理规范、国际化程度高的企业，其财务、业务信息质量比其他类型企业要高。特别是国内、香港或者全球同时上市（挂牌）企业，财务报表的数据必须经得起国际性机构的考验。

6）行业发展程度。

处于风帆正劲党坚势盛的企业，发展日新月异，肯定比明日黄花、苟延残喘的企业的财务信息质量高。当然也不能过于轻信，研究报表仍是必需的。

7）第三方诚信度。

应对审计过这家企业报表的审计事务进行大致了解，因为审计行业也是良莠不齐，信誉好的、没有受到处罚和不良声誉的会计师事务所审计过且出具无保留意见的财务报表的质量自然会高些。

8）公司发展战略。

公司的发展战略是否具有可行性和前瞻性，是否符合国家政策和行业发展的特点。一个具有深度的发展战略，会对企业带来促进和挑战，会给企业员工带来期望和激情。

9）并购整合能力。

在这个产能过剩、快速转型的时代，很多企业无不通过并购获得新的发展动力和进入新的行业市场。那么，这个企业之前的并购整合能力是财报使用者非常重要的参考因素。

而随着金税三期的逐步完善与全面推广，税务机关的职能已从事前事中的监管逐步转变为事后的监管，通过掌握财务报表强大丰富的数据对纳税人实行数据管税。而数据的来源主要就是企业的财务报表与申报表，测算税负率会引发对财务指标的分析，衡量税种之间逻辑的合理性会引发对报表真实性的思考。而且，实行"营改增"及金税三期上线后，会计人员的作弊将面临风险，这为规范企业账务、打击虚假财报提供了有力的支持。

附录

财务报表综合分析方法和案例

财务报表综合分析,是指将运营能力、偿债能力、获利能力和发展能力融入一个有机的企业整体中,再全面地对企业经营状况、财务状况进行梳理、解剖与分析。

附录1：杜邦分析法——环环相扣的综合财务指标分析

杜邦分析法是比较常见的一种财务分析方法，最显著的特点是将若干个用以评价企业经营效率和财务状况的比率按其内在联系有机地结合起来，形成一个完整的指标体系，并最终通过权益收益率来综合反映。该分析方法最早由美国杜邦公司（Du Pont Corporation）使用，所以称为杜邦分析法。

（1）杜邦分析法的基本原理

杜邦分析法是以企业净资产收益率为起点，根据财务指标间的对应关系，进行逐级分解为多项财务指标的乘积，原理易懂，条理清晰，层次感强，既有助于全面而深入地分析，也便于比较企业的经营业绩。因此在杜邦分析法中，净资产收益率是个非常重要的概念。杜邦分析法有助于企业管理层更加清晰地看到权益基本收益率的决定因素，以及销售净利润与总资产周转率、债务比率之间的相互关联关系，给管理层提供了一张明晰的考察公司资产管理效率和是否最大化股东投资回报的路线图。

我们知道，综合分析的目的就是要综合反映企业的能力。企业的能力包括盈利能力、营运能力和偿债能力，如果能将这三种能力有机地结合在一起，并进行合理地分析，无疑是非常有效的分析方法。杜邦分析法恰恰满足了这些条件，具备了综合分析的能力。

在杜邦分析法中，净资产收益率这个指标被分解成了三个部分，分别是利润率、总资产周转率和财务杠杆。利润率能够表达企业的盈利能力，总资产周转率能够表达企业的营运能力，财务杠杆可以表达企业的偿债能力。这种指标分析充分说明，企业的净资产收益率主要受利润率、总资产周转率和财务杠杆这三个因素的影响。

现在，我们将杜邦分析法的基本思路表述如附图1所示。

如此，在研究企业的净资产收益率时，可以逐级、分层次地取得所需要的数据。同时，可以有效参考财务报表的相应数据。利用杜邦分析法科将若干个用以评价企业经营效率和财务状况的比率，按其内在联系有机结合起来，从而形成一个完整的指标体系，并最终通过净资产收益率来综合反映。这样一种系统而全面却又能有机联系的分析方法，远比一个个单项的财务比率更清晰也更突出，这就为报表分析者全面而仔细地了解企业的

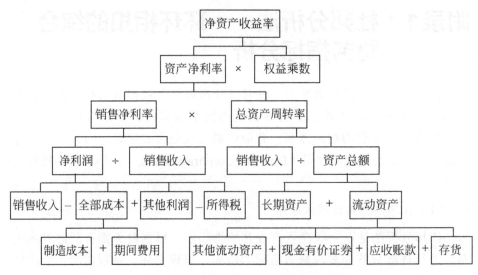

附图1 杜邦分析法基本思路表述示意图

经营和盈利状况提供了方便。

　　作为杜邦分析系统的核心,净资产收益率是一个综合性最强的财务分析指标,也是影响净资产收益最重要的指标,具有很强的综合性。而资产净利率又取决于销售净利率和总资产周转率的高低;总资产周转率可以反映总资产的周转速度。

　　分析总资产周转率,需要分析影响资产周转的因素,从而判明影响公司资产周转的主要问题;销售净利率反映销售收入的收益水平,显然,扩大销售或降低成本费用都是提高企业销售利润率的重要方法,扩大销售还是提高资产周转率的必要条件和途径。

　　权益乘数是指资产总额相当于股东权益的倍数。权益乘数表示企业的负债程度,反映了公司利用财务杠杆进行经营活动的程度。如果资产负债率高,权益乘数就会变大,说明公司负债程度较高,公司会有较多的杠杆利益,但风险也随之升高;反之,如果资产负债率低,权益乘数就会变小,说明公司负债程度低,公司会有较少的杠杆利益,但相应所承担的风险也低。

　　杜邦分析法有助于企业管理层更加清晰地看到权益资本收益率的决定因素,以及这些因素之间的相互关系,从而使企业管理者更加清晰地了解资产管理效率,以及是否决定将股东投资回报进行最大化。

　　在实际工作中,杜邦分析法得到了广泛的运用。杜邦分析法中最核心的指标是净资产收益率,它体现了股东价值最大化这个中心思想,符合公司的理财目标,而且是股东财富增值水平最为敏感的内部财务指标。另外,使用杜邦分析法有助于资产所有者将资产委托给经营者来代理经营,在评估经营者经营效率时,有助于资产所有者获悉经营者的工作效益,从而为调整这种委托经营关系提供基础。

(2)杜邦分析法的局限性

世上没有十全十美的事,任何事情都有其不足之处。杜邦分析法的局限性在于,它仅反映了企业财务方面的信息,难以全面反映企业的实际情况。

杜邦分析法的主要局限性包括:

① 对短期财务结果过分重视,有可能助长公司管理层的短期行为,从而忽略企业长期的价值创造,甚至有可能引导企业采取一些急功近利的方法,从而为企业长远发展带来隐患。

② 杜邦分析法中的财务指标所反映的一般是企业过去的经营业绩,这在工业时代尚能满足企业财务分析的要求;但在当今信息时代,顾客、供应商、雇员、技术创新等因素对企业经营业绩的影响越来越大,这就对企业财务数据的更新提出了更高的要求。所以,杜邦分析法在采集数据时,周期将不得不缩短。

③ 企业除了有形资产,还有无形资产也在起着重要作用,比如企业的品牌、商誉等,它们甚至对企业的竞争力有着至关重要的作用。而杜邦分析法显然不能解决无形资产的估价问题。

此外,杜邦分析法还存在一些缺点:

1)没有利用现金流量表的数据。

财务指标分析数据主要取决于资产负债表、损益表和现金流量表。现金流量表的数据,可以防止企业操纵销售收入和净利润,使企业资产净收益率这一指标能够更趋真实,更能准确地反映企业的实际利润水平。而杜邦分析体系所用的数据都是来自于资产负债表和利润表,忽略了现金流量表的作用,无法揭示企业的现金状况。

2)没有反映企业的财务风险。

一般用财务杠杆系数来反映企业财务风险的大小。杜邦分析法夸大了财务杠杆的效应,忽视了企业的财务风险。

由于杜邦分析法存在一定的局限和缺点,所以在进行财务分析时,除了使用杜邦分析法,还要借助于其他有效的方法,才能使我们对企业的财务分析更加全面有效。

附录2：沃尔综合评分法——和合共生的综合财务比率分析

在进行财务综合分析时，我们遇到的问题就是，在衡量一家企业的财务比率指标后，无法判断它是偏高还是偏低。当然，我们可以采用比较分析法。如与本企业的历史比较，能看出自身的变化；与同行业比较，能看出企业在本行业中的处势，但我们无法判明该企业在市场竞争中所处的优劣地位。

为了弥补这些缺陷，美国的亚历山大•沃尔在其1928年出版的《信用晴雨表研究》和《财务报表比率分析》等著作中提出了信用能力指数概念，将流动比率、产权比率、固定资产比率、存货周转率、应收账款周转率、固定资产周转率、自有资金周转率等七项财务比率用线性关系结合起来，设定总和为100分，分别评定各个比率在总评价中占的比重，然后通过与标准比率进行比较，确定各项指标的得分及总体指标的累计分数，从而对企业的信用水平做出评价。

沃尔提出的这种分析方法被称为"沃尔综合评分法"，也称为"沃尔评分法"。

（1）沃尔评分法的基本原理

沃尔评分法一般会依据如下步骤进行：
1）选择评价指标并分配指标权重。

一般情况下，我们通过对一家企业的财务报表进行分析，主要了解它的经营状况，包括盈利能力、偿债能力、发展能力等。

根据前面所述，我们已经知道，企业盈利能力的指标主要有资产净利率、销售净利率、净值报酬率；企业偿债能力的指标主要有自有资本比率、流动比率、应收账款周转率、存货周转率；企业发展能力的指标主要有销售增长率、净利增长率、资产增长率。

在进行评分的时候，我们按照它们的重要程度确定各项比率指标的评分值，拟定总评分值为100分，重要性高的指标，其分值相应的也会高。在分值分配上，企业的盈利能力、偿债能力与发展能力之间约为5：3：2。

2）确定各项比率指标的标准值。

就是说，确定各项指标在企业现时条件下的最优值，可以参考历史最好数据、国家标准、同行名牌企业等。

3）计算企业在一定时期内各项比率指标的实际值。

根据前面章节的学习，我们已经知道各比率指标的计算公式，具体如附图2所示。

盈利能力各项指标计算公式	偿债能力各项指标计算公式	发展能力各项指标计算公式
自有资本比率=净资产÷资产总额×100% 流动比率=流动资产÷流动负债 应收账款周转率=赊销净额÷平均应收账款余额 存货周转率=产品销售成本÷平均存货成本	资产净利率=净利润÷资产总额×100% 销售净利率=净利润÷销售收入×100% 净值报酬率=净利润÷净资产×100%	销售增长率=销售增长额÷基期销售额×100% 净利增长率=净利增加额÷基期净利×100% 资产增长率=资产增加额÷基期资产总额×100%

附图2　各比率指标的计算公式

4）得出评价结论。

在这里，我们需要用到一个沃尔比重评分法的计算公式：

$$实际分数 = 实际值 \div 标准值 \times 权重$$

当"实际值＞标准值"为理想时，此公式正确；若当"实际值＜标准值"为理想时，意味着实际值越小得分应越高，那么用上面公式计算出的结果就会恰恰相反。当然，当某一单项指标的实际值畸高时，会导致最后的总分大幅度增加，从而掩盖情况不良的指标，往往会给管理者造成假象。

（2）沃尔评分法的局限性

沃尔评分法的优点在于简单扼要，便于操作，评价指标体系较为完整，基本上能反映企业的财务状况，通过财务指标实际值与标准值的对比分析，便于找出影响企业财务状况的主要因素，指明了改善企业财务状况的方向。初期建立沃尔综合评分法的创始人沃尔也印证了沃尔评分法的合理性和有效性。

不过，沃尔评分法仍存在某些不足之处，其局限性表现在：

① 为什么要选择流动比率、产权比率、固定资产比率、存货周转率等七项指标，而不是更多或更少些，或者选择别的财务比率，拿什么来证明

这些指标及其比重的合理和科学性,并没有一个准确答案。

② 沃尔综合评分法是按照权重关系进行计算,那么当某一个指标严重异常时,一定会对总的评分产生不合逻辑的重大影响。

③ 评分规则方面,比率的实际值越高,其单项得分就越高,企业的总体评价就越好。然而,这并不符合实际情况。比如,流动比率并非越高越好,因为这将对企业的盈利能力与发展能力造成不利影响,最终削弱企业的长期偿债能力。

附录3:财务报表综合分析实例

本节采用杜邦分析法,对优至公司2015～2016年度整体财务状况进行分析。我们先看优至公司的相关财务报表及数据,如附表1和附表2所列。

附表1 优至公司2015～2016年度资产负债表 单位:元

资产	2015年度	2016年度	平均值	负债及所有者权益	2015年度	2016年度	平均值
流动资产				流动负债			
货币资金	12483.58	45911.62	29197.60	短期借款	20000.00	70000.00	45000.00
应收账款	17928.85	26979.83	22454.34	应付账款	3548.84	6158.28	4853.56
预付账款	45000.00	45000.00	45000.00	预收账款		11248.37	5624.19
应收补贴款				应付职工薪酬	11583.61	11583.61	11583.61
其他应收款	1025.47	1025.47	1025.47				
存货	3548.87	12587.81	8068.34				
流动资产合计	79986.77	131504.73	105745.75	流动负债合计	35132.45	98990.26	67061.36
非流动资产				所有者权益			
固定资产原价	60000.00	92155.84	76077.92	实收资本	100000.00	100000.00	100000.00

续表

资产	2015年度	2016年度	平均值	负债及所有者权益	2015年度	2016年度	平均值
减：累计折旧	3200.00	8438.21	5819.11	盈余公积		1457.78	728.89
固定资产净值	56800.00	83717.63	70258.82	未分配利润	1654.32	14774.32	8214.32
非流动资产合计	56800.00	83717.63	70258.82	所有者权益合计	101654.32	116232.10	108943.21
资产总计	136786.77	215222.36	176004.57	负债及权益合计	136786.77	215222.36	176004.57

单位负责人： 财务负责人： 制表人：

附表1为优至公司2015～2016年度资产负债表，我们在表中计算了资金来源与占用各项财务指标的平均值。

附表2 优至公司2015～2016年度利润表（亏损以"—"号填列）

单位：元

项目	2015年度	2016年度	平均值
一、营业收入	53471.25	268461.84	160966.55
减：营业成本	32641.27	151273.44	91957.36
税金及附加	160.40	805.39	482.90
销售费用	8475.24	44981.85	26728.55
管理费用	9457.31	56499.56	32978.44
财务费用	2135.27	3518.42	2826.85
二、营业利润	601.76	11383.18	5992.47
加：营业外收入	1604.00	8053.86	4828.93
减：营业外支出			0.00
三、利润总额	2205.76	19437.04	10821.40
减：所得税费用	551.44	4859.26	2705.35
四、净利润	1654.32	14577.78	8116.05

单位负责人： 财务负责人： 制表人：

附表2为优至公司2015～2016年度利润表,我们在表中计算了各项损益类财务指标的平均值。

据上述两张表,我们再计算优至公司2016年度相关财务比率,如附表3所列。

附表3 优至公司2016年度相关财务比率

财务比率指标	公式及数据	计算结果
净资产收益率	资产净利率(6.78%)×权益乘数(185.17%)	12.55%
资产净利率	销售净利率(5.43%)×总资产周转率(1.25)	6.78%
销售净利率	净利润(14577.78)÷销售收入(268461.84)	5.43%
净利润	销售收入(268461.84)-销售成本(151273.44)-期间费用(104999.83)-其他(805.39-8053.86+4859.26)	14577.78
总资产周转率	销售收入(268461.84)÷资产总额(215222.36)	1.25
权益乘数	资产总额(215222.36)÷股东权益总额(116232.10)	185.17%

通过杜邦分析法,我们可以看出优至公司的净资产收益率为12.55%,显然盈利能力有点弱,而影响公司净资产收益率的三个主要指标:销售净利率、总资产周转率及权益乘数,分别为5.43%、1.25%、185.17%,表现也不是很好。

资产净利率反映企业资产所具有的获利能力,5.43%的数据说明该公司获利能力还是十分有限的;总资产周转率反映的是企业资产经营质量和利用效率,这一数据表现不好说明资产所产生的效率较低;权益乘数反映企业财务杠杆的大小,权益乘数越大,说明股东投入的资本在资产中所占的比重越小,财务杠杆越大,而优至公司的权益乘数185.17%较大,意味着企业负债较高。

根据指标分解,资产净利率受到销售净利率和总资产周转率的影响。而这两个指标的高低都与销售收入有关,因此销售收入具有重要的作用,直接影响着净资产收益率。当然,企业的成本总额对净资产收益率也有着影响,成本总额的高低决定了企业的净利润。

权益乘数由资产总额和股东权益总额相除而来,于是资产总额对权益乘数便有了重大影响,继而直接影响到净资产收益率。在资产总额中,股东权益总额越大,负债总额越小,反之亦然。负债经营是企业必不可少的行为,在资产总额一定的条件下,合理利用财务杠杆,适当负债,尤其是持有应付账款和预收账款,有利于开展经营活动。当然,当企业过于依赖财务杠杆时,负债和企业信用的风险便会增大。

通过对优至公司分析,我们得出这样的结论:

第一,优至公司应当加强营销,不断拓宽市场,谋取更多的经营收入。

第二,优至公司应优化资金结构,减持负债,减少企业经营风险。

第三,降低成本费用,节约开支,提升利润空间。

第四,合理使用资金,加速资金周转,让闲置资金投入到经营活动中。

我们再对优至公司的其他财务指标进行分析,更细致地了解优至公司的财务状况,如附表4所列。

附表4　优至公司2015～2016年度相关财务比率

项目	2015年度	2016年度	平均值
流动比率	2.28	1.33	1.80
速动比率	0.89	0.75	0.82
存货周转率	18.40	18.75	18.57
应收账款周转率	5.96	11.96	8.96
应收账款平均天数	60.35	30.11	45.23
资产负债率	25.68%	45.99%	35.84%

通过附表4,我们可以得出以下分析:

第一,优至公司的流动比率和速动比率有所下降,2015年基本趋于正常,2016年有了逊色,说明企业的短期偿债能力有了下降。

第二,优至公司的存货周转率稍有提升。存货周转率反映了企业的存货周转次数,即存货流动及资金占用的合理性。优至公司是管理咨询公司,其存货主要是低值易耗品等周转材料,因而考核存货周转率作用并不大。

第三,优至公司的应收账款周转率有了提升,周转天数有所下降。说明企业应收账款回笼较快,变现力强。优至公司从事管理咨询,与从事生产营销的企业有所不同。生产经营企业为了销售商品往往会采取赊销政策,优至公司所从事的行业决定了其可能不会采取赊销政策,往来款项一般期限较短。

第四,资产负债率有了大幅提升。说明企业采取了负债经营的政策,但负债较高,占到了整个资金来源的一半。优至公司贷款7万元,原计划添置培训设备,后来受到市场影响改变了原计划,添置了一些设备,更多的资金放在了银行里,成了闲置资金,增加了资金成本,致使资金使用效率大大降低。

从分析的情况来看，优至公司成立时间较短，并没有太多的沉疴痼疾，完全可以做到轻装上阵，阔步向前。其目前存在的主要问题是资金使用效率不高和业务有待拓宽，如果能充分利用资金，尤其是扩大业务经营能力，提升管理咨询的深度和广度，企业将会得到迅速发展。

财务分析是一件非常重要的工作，尤其是面对陷阱重重、混淆莫辨的财务报表，我们必须仔细研读，善于捕捉，如同刑警破案，不放过报表中的每一个信息。因为任何一个信息的背后，可能都暗藏着诡谲和暗流，需要财报使用者练就出火眼金睛，及时、精准、敏锐地发现问题，抓住本质，以图谋财务之真相。

随着金税三期系统正式上线，税务管理在不断强化，企业想通过以往惯用的伎俩去粉饰报表已没那么容易。但我们决不能掉以轻心，以为报表上的各种欺骗行为会就此收手。"道高一尺，魔高一丈。"那些居心叵测者总会花招迭出，在报表上做出新文章，令我们猝不及防。所以，我们必须加强防范，精通业务，以应对随时可能出现的虚假报表，让财务报表真正发挥其应有的作用，为整个社会服务。

后 记

写这本书的时候，正值金税三期系统上线之后，会计、财务、税务知识处于大变革时代，不断有新的知识从各个微信、微博、公众号、朋友圈等媒体中推出，令人眼花缭乱，应接不暇。为了让这本书知识新颖，理念时尚，我们不得不经常关注各类媒体，不断学习新的知识。特别是周明桂老师，她是个勤奋而敬业的会计人，为了研究一个课题，往往夜不能寐，深夜一两点还给我转发新的财税知识，与我商榷交流。而第二天早上五点，我还在睡梦中，又会被她的微信唤醒。我表示理解，亦深受感染。会计这门学科一直在不断地更新，会计们永远在路上，必须吐故纳新，学无止境，否则或将被淘汰。因此在本书中，我们尽可能全面吸纳最新的财务及税务知识，引用最新最典型甚至被会计朋友们到处转发的财税案例，这样才更容易被读者朋友们所接受，更具有说服力。

我们相信，这本书能给读者朋友带去实实在在的东西，只要用心阅读它，理解它，体悟它，你一定会有收获。我们也真诚希望读者朋友们在阅读本书的过程中，能够指出我们的不足，真诚地为我们提出非常宝贵的意见和建议。

著者
2019年5月

参考文献

[1] 宋娟. 财务报表分析从入门到精通. 北京：机械工业出版社，2010.

[2] 文杨. 一本书读懂财务报表. 北京：中国华侨出版社，2014.

[3] 李燕翔. 500强企业财务分析实务：一切为经营管理服务. 北京：机械工业出版社出版，2015.

[4] 谢士杰. 读懂财务报表，看透企业经营. 北京：人民邮电出版社，2016.

[5] 高顿财经研究院. 财务报告、规划、绩效与控制. 北京：中国财政经济出版社，2016.

[6] 肖星. 一本书读懂财报. 杭州：浙江大学出版社，2016.

[7] 王竹泉，等. 财务风险发展报告2017. 北京：中国财政经济出版社，2017.